Leçons sur la Foi

Lectures on Faith

I0528048

Traduction en français
ainsi que
l'Edition de la Restauration du texte anglais original

French Language Translation
together with
the Restoration Edition of the Original English Text

Publié aux Etats-Unis par Restoration Archives, L.L.C.
©2024 Restoration Archives, L.L.C.

ISBN 978-1-956909-14-2

TABLE DE MATIÈRE

ÉDITION DE LA RESTAURATION
DU TEXTE ANGLAIS ORIGINEL

INTRODUCTION

Bruce R. McConkie dit chez BYU le 4 janvier 1972 : « Les Leçons sur la Foi sont des écritures éternelles. Ils ont été écrits par le pouvoir du Saint-Esprit, par l'esprit d'inspiration. Ce sont l'Ecriture ; ce sont vrais. » Mais les églises de la Restauration rejettent les Leçons sur la Foi en tant qu'Ecriture.

Au mois de septembre 1830, le Seigneur expliqua : *Car tout doit se faire avec ordre et par consentement commun dans l'Eglise...* (D&A 28:13). C'était le processus, par exemple en octobre 1978, lorsque les sections 137 & 138 furent ajoutées aux Doctrine et Alliances. Les Leçons sur la Foi le suivirent aussi en août 1835. Dans le deuxième volume des *Revelations and Translations*, vous pouvez les lire à partir de la page 565 de ce volume. Il s'agit d'une reproduction de l'édition de 1835 des Doctrine et Alliances, qui fut canonisée par le vote de l'Eglise. C'est cette édition qui, dans la préface, Joseph Smith se porte garant de tous les éléments de doctrine (les Leçons sur la Foi étant la « Doctrine » des Doctrine et Alliances) contenus dans les Leçons sur la Foi. Dans l'édition de 1844 qui serait publiée plus tard, ils ne passeraient pas encore par l'exercice de maintien des Leçons sur la Foi, car elles avaient déjà été canonisées. On a simplement ajouté et développé les révélations reçues entre 1835 et 1844.

A partir de la page 566, et en passant par la page 567 des *Joseph Smith Papers*, 2e volume de *Revelations and Translations*, il y a un récit de la façon dont les Leçons sur la Foi furent canonisées le 17 août 1835 lorsque les Doctrine et Alliances furent approuvées par l'Eglise comme l'Ecriture. Le récit commence avec le président Cowdery, qui était coprésident de l'Eglise à ce moment-là.

> Le président Cowdery se leva et présenta le « livre de doctrine et d'alliances de l'église des saints des derniers jours », au nom du comité : il fut suivi par le président Rigdon, qui expliqua la manière dont ils avaient l'intention d'obtenir la voix de

l'assemblée pour ou contre ledit livre : les deux autres commissions, nommées ci-dessus, étaient absentes. Selon cet arrangement, WW Phelps avait établi que le livre présenté à l'assemblée était vrai. Le président John Whitmer se leva également et témoigna que c'était vrai. John Smith, à la tête du grand conseil de Kirtland, rendit témoignage que les révélations dans ce livre étaient vraies... Levi Jackman, à la tête du grand conseil de l'église du Missouri, témoigna que les révélations dans ce livre étaient vraies, et ledit grand conseil du Missouri les accepta et reconnut comme la doctrine et les alliances de leur foi, par un vote unanime. Le président WW Phelps lut ensuite le témoignage écrit des Douze comme suit. Le témoignage des témoins du livre des commandements du Seigneur, qu'il donna à son église par l'intermédiaire de Joseph Smith, fils, qui fut nommé par la voix de l'église à cet effet : « Nous nous sentons donc prêts à rendre témoignage à tout le monde de l'humanité, à chaque créature sur la face de toute la terre, et sur les îles de la mer, que le Seigneur rendit à nos âmes, par le Saint-Esprit répandu sur nous, que ces commandements furent donnés par l'inspiration de Dieu, et sont profitables à tous les hommes, et sont en vérité vrais... »

Frère Leonard Rich rendit témoignage de la vérité du livre et le conseil des soixante-dix l'accepta et le reconnut comme la doctrine et les alliances de leur foi, par un vote unanime. L'évêque NK Whitney rendit compte de la vérité du livre et, avec ses conseillers, l'acceptèrent et le reconnurent comme étant la doctrine et les alliances de leur foi, à l'unanimité. L'évêque par intérim, John Corrill, rendit témoignage de la vérité du livre... Le président par intérim, John Gould, rendit son témoignage en faveur du livre, et avec les anciens itinérants, l'acceptèrent et le reconnurent comme étant la doctrine et les alliances de leur foi, à l'unanimité. Ira Ames, président par intérim des prêtres, rendit son témoignage en faveur du livre, et avec les prêtres, l'acceptèrent et le reconnurent comme la doctrine et les alliances de leur foi, par un vote unanime. Erastus Babbitt, président par intérim des instructeurs, rendit son témoignage en faveur du livre, et ils l'acceptèrent et le reconnurent comme la doctrine et les alliances de leur foi, par un vote unanime. Wm. Burges, président par intérim des diacres, rendit témoignage de la vérité du livre, et ils l'acceptèrent et le reconnurent comme la doctrine et les alliances de leur foi, par un vote unanime. Le vénérable président, Thomas Gates, rendit compte ensuite de la vérité du livre, et, avec ses cinq assistants à tête d'argent, et toute la congrégation, l'acceptèrent et le reconnurent comme la doctrine et les alliances de leur foi, par un vote unanime. Les différentes autorités et l'assemblée générale, à l'unanimité, acceptèrent les travaux du comité.

Si vous obtenez une copie de l'édition de 1835, vous lirez tout cela dans le livre. Il est annexé dans l'édition imprimée au verso, comme dernière chose – le témoignage de ces personnes.

En 1921, les Leçons sur la Foi furent retirées des Ecritures par un comité composé de George F. Richards, Anthony W. Ivins, Melvin J. Ballard, James E. Talmage, John A. Widstoe et Joseph Fielding Smith sans vote de l'Eglise, sans consentement commun. Ce comité laissa tomber les Leçons sur la Foi des Ecritures parce que « Certaines leçons intitulées les Leçons sur la Foi qui étaient liées aux Doctrine et Alliances dans certains de ses anciens numéros, ne sont pas incluses dans cette édition. Ces leçons furent préparées pour être utilisées à l'Ecole des Anciens. Mais ils ne furent jamais présentés ou acceptés par l'Eglise comme autre chose que des leçons ou des cours de théologie. » Comme on vient de lire, ce n'est pas vrai.

Les doctrines, les enseignements, les révélations et les conseils de Joseph étaient censés être gardés et écoutés par l'église. Dans les Doctrine et Alliances de 1835, la section 14 — aujourd'hui la section 43 — il est dit : *Vous avez reçu, comme loi pour mon Eglise, un commandement par l'intermédiaire de celui que je vous ai désigné pour recevoir de moi commandements et révélations.* Précisant que lorsque nous recevons quelque chose de Joseph, nous, en tant qu'église, sommes dirigés par le Seigneur pour respecter ce qui est passé par lui. Dans la section 32:2 — aujourd'hui la section 5 — il est dit : *Je t'ai confiées dans un but sage qui m'est propre, et cela sera révélé aux générations futures. Mais cette génération aura ma parole par ton intermédiaire...* Ne lisez pas le mot « génération » dans ce contexte de façon étroite, car le mot « génération » a parfois des significations différentes, et la signification sûre dans ce contexte, de cette déclaration à Joseph, inclut tous ceux qui vivent après le jour où Joseph vint et rendit témoignage. Par conséquent, cela vous inclurait.

Dans la section 46:1-3 — aujourd'hui la section 21 : *Voici il est un enregistrement conservé parmi vous, et au dedans tu* [c'est-à-dire Joseph] *seras appelé un voyant, un traducteur, un prophète, un apôtre de Jésus Christ, un ancien de l'église par la volonté de Dieu le Père et la grâce de ton Seigneur Jésus-Christ... C'est pourquoi, signifiant l'église,* **vous** [l'Eglise] *prêterez attention à toutes ses* [pronom personnel singulier qui signifie Joseph] *paroles et commandements, qu'il* [pronom personnel singulier] *vous donnera, comme il les reçoit, marchant en toute sainteté devant moi : vous recevrez sa parole, comme si de ma bouche, en toute patience et foi ; car en faisant ces choses, les portes de l'enfer ne prévaudront pas contre vous.* (Accentuation ajoutée.) Les « portes de l'enfer » ne prévaudront pas, à condition que nous prêtions attention aux paroles de Joseph. Pas le mien. Pas celle d'un autre homme. Le bastion qui est établi par le Seigneur, qui est le rocher sur lequel les vents et les pluies peuvent battre sans nuire à la fondation, est le rocher de révélation qui nous fut donné dans cette génération par Joseph Smith, le prophète.

Tout le reste se transforme en sable. *Car ainsi parle le Seigneur Dieu,* **lui** *[un pronom personnel singulier, se référant à l'homme individuel, le prophète Joseph Smith.] Ai-je inspiré de faire avancer la cause du Sion en puissance ; et je connais* **sa** *diligence, et j'ai entendu* **ses** *prières : oui, j'ai vu* **ses** *pleurs pour le Sion, et je ferai en sorte qu'**il** ne pleurera plus pour elle, car* **ses** *jours de réjouissance sont parvenus à la rémission de* **ses** *péchés, et les manifestations de ma bénédiction sur* **ses** *œuvres.* (Accentuation ajoutée.) Cela ne promet pas Sion à Joseph. Cela ne lui promet rien de la sorte. Cela lui promet de se réjouir, car ses péchés sont remis. Ses péchés, bien sûr, ne sont pas les nôtres. A ce stade de 1835, vous vous souviendrez qu'en 1832, l'Eglise était déjà condamnée, mais Joseph ne l'était pas. Ses péchés sont remis, et cela réjouira Joseph. « *ils croiront **ses** paroles qui **lui** sont données par moi, par le Consolateur, manifestent que Jésus a été crucifié par hommes pécheurs pour les péchés du monde...* » (Accentuation ajoutée.)

Donc, en lisant l'édition de 1835 des Doctrine et Alliances, les sections 14, 32, 46 de ce volume, c'est évident que, dans la mesure où l'Eglise était une église vraie et vivante à ce moment-là, c'était une église vraie et vivante parce que Dieu prenait possession des paroles qui venaient de Joseph et Dieu parlait alors à travers lui. Dieu s'est porté garant des paroles qui sont passées par Joseph, et Dieu les a mises en garde, ainsi que nous, d'ignorer les paroles qui venaient de Joseph Smith, le prophète.

La section 51:2 — aujourd'hui la section 28 : *nul ne sera nommé pour recevoir des commandements et des révélations dans cette église, à l'exception de **mon serviteur Joseph Smith, fils**, car **il** les reçoit comme Moïse ; et tu écouteras les choses que je donnerai à **lui**.* (Accentuation ajoutée.)

La section 84:1–4 — aujourd'hui la section 90 — c'est encore l'édition de 1835. Il s'agit d'une révélation donnée en mars 1833, dans laquelle Joseph Smith fut appelé par le Seigneur avec les paroles : *mon fils... En vérité, je **te** le dis* [encore une fois, un pronom individuel personnel, identifiant une personne du nom de Joseph Smith] *les clés de ce royaume ne **te** seront jamais enlevées, tant que **tu** seras dans le monde, ni dans le monde à venir : néanmoins, par toi, les oracles seront donnés à un autre ; oui, même à l'église. Et tous ceux qui reçoivent les oracles de Dieu, qu'ils se méfient de la façon dont ils les tiennent, de peur qu'ils ne soient considérés comme une chose légère, et soient ainsi condamnés, et trébuchent et tombent...* (Accentuation ajoutée.) Quelle est la définition des « oracles » que Joseph doit donner à l'Eglise ? La définition des « oracles » est-elle le programme transitoire, changeant avec chaque caprice, passant des modifications quotidiennes et futures de personne à personne apportées par les hommes ? Est-ce quelque chose qui permet de rejeter la doctrine attestée par Joseph ? Ou bien les oracles sont-ils plutôt les doctrines, les commandements, les révélations, les paroles contenues dans ce que Joseph Smith nous remit dans le Livre de

Mormon, les Leçons sur la Foi, et les révélations données à travers lui ? Faites attention à la façon dont vous interprétez les Ecritures. Faites attention à la souplesse avec laquelle vous pensez qu'un Dieu invariable peut être transformé en un être changeant qui donna Son pouvoir aux hommes (2 Néphi 28:5). Faites attention à ne pas croire que le Dieu qui est le même aujourd'hui, hier et à jamais est maintenant si fantaisiste qu'un jour, une chose peut vous être demandée, et un autre jour, quelque chose de complètement différent peut vous être demandé. Et dans la mesure où vous détectez le sable variable et mouvant sous vos pieds, demandez-vous pourquoi il en est ainsi. Et demandez-vous : Où pourrais-je aller trouver le rocher sur lequel poser mes pieds, afin que les vents et les pluies ne me fauchent pas ? Parce que Dieu se porta garant de Joseph Smith, et Dieu se porta garant pour les choses qui vous furent commises par lui. Nous devons reconnaître que s'il y a un prophète dont nous devons tenir compte des paroles, cela commence par la primauté de Joseph Smith. Toutes les autres choses, toutes les révélations, toutes vos attitudes, toutes vos notions — tout doit être mesuré par rapport à ce que nous reçurent par lui. Dieu se porta garant de ses paroles.

Alors, considérons ce que Joseph garantit comme la doctrine importante du salut, qui est ce qu'il appela les Leçons sur la Foi, comme si c'était une loi pour l'église — la parole de Dieu à travers Joseph, les paroles et les commandements de Dieu à nous, étant donné par le Consolateur, auquel nous devons être obéissants, afin d'éviter la condamnation, les trébuchements et les chutes. Toutes ces choses sont, en fait, les choses que le Seigneur dit sur Joseph dans la révélation que nous trouvons encore dans nos Ecritures.

Il est clair qu'il y a un désaccord entre Joseph Smith et le comité susmentionné. Le comité justifia leur action avec l'explication que Joseph Smith se trompa sur plusieurs points de doctrine. Par conséquent, soit Joseph Smith avait une idée incorrecte de la personnalité, des perfections et des attributs de Dieu, soit George F. Richards, Anthony W. Ivins, Melvin J. Ballard, James E. Talmage, John A. Widstoe et Joseph Fielding Smith avaient une idée incorrecte de la personnalité de Dieu, et des perfections et des attributs, parce qu'ils sont en désaccord sur ces leçons. L'un disait que ces idées sont si viles et si erronées qu'il faut les retirer des Ecritures, et l'autre disait que c'est une véritable déclaration de notre doctrine, et par conséquent, doit être dans nos Ecritures.

Par conséquent et en conséquence, soit Joseph Smith n'avait pas, ni ne pouvait pas avoir la foi. Ou bien George F. Richards, Anthony W. Ivins, Melvin J. Ballard, James E. Talmage, John A. Widstoe et Joseph Fielding Smith n'avaient pas, en effet, ne pouvaient pas avoir la foi. L'un ou l'autre est vrai parce qu'ils sont en désaccord sur la définition de Dieu. Vous devez avoir une idée correcte de Sa personnalité, de Ses perfections et de Ses attributs afin d'exercer la foi en Lui. Et maintenant, nous nous retrouvons à devoir choisir.

EXPLICATION DE CETTE ÉDITION

Les Leçons sur la Foi rétablissent la compréhension fondamentale de la foi et de la spiritualité qui furent négligées, mises de côté et oubliées. Son objectif est d'enseigner au lecteur ce qu'est la foi, le ou les objets sur lesquels elle repose, et les effets qui en découlent.

Le visionnaire Joseph Smith, fils, édita personnellement et garantit les Leçons sur la Foi en 1834, qui furent ensuite adoptées comme Ecriture en 1835 lors d'une conférence générale de L'Eglise de Jésus-Christ des saints des derniers jours par consentement commun. Les Leçons furent ensuite publiées en 1835 comme la première grande partie des Doctrine et Alliances (D&A), constituant la partie « doctrine » du volume, dans une police de caractères plus grande et plus visible que la partie « alliances » qui contenait les révélations et les instructions qui suivaient.

En 1921, un comité supprima discrètement la partie « doctrine » (les Leçons sur la Foi) des Doctrine et Alliances. Depuis lors, toutes les grandes sectes les retirèrent discrètement de leur corpus d'Ecritures, mais pas d'un consentement commun. Ils restent aujourd'hui des Ecritures canonisées.

L'édition de la Restauration des Leçons sur la Foi fut rééditée en 2019 par un groupe indépendant de bénévoles dans le cadre d'un effort continu pour récupérer les Ecritures sacrées, les restituer au texte original de manière aussi précise et complète que possible, et les préserver pour les générations futures. Cette édition restitue le texte à l'original et met à jour et corrige la ponctuation selon les normes actuelles.

Les citations bibliques dans le texte comprennent les références de l'originale utilisée dans l'édition de 1835, ainsi que les références de l'édition de la Restauration des Ecritures, qui sont notées entre crochets, comme [Gen. 3:15] par exemple.

L'édition complète de la Restauration des Ecritures peut être consultée en ligne à l'adresse suivante :

http://scriptures.info

Les commentaires et questions peuvent être envoyés à :

translations@restorationarchives.com

1

PRÉFACE

Une préface aux Doctrine et Alliances de 1835 écrite le 17 février 1835 et signée par les quatre membres du comité qui a compilé le volume.

Aux membres de l'église des saints des derniers jours –
Chers frères :

Nous estimons qu'il n'est pas nécessaire de vous divertir avec une longue préface au volume suivant, mais simplement pour dire qu'il contient, en bref, les principaux articles de la religion que nous professâmes croire.

On trouvera que la première partie du livre contient une série de cours présentés devant une classe de théologie dans ce lieu, et en conséquence de leur adoption de la doctrine importante du salut, nous les organisâmes dans l'œuvre suivante.

La deuxième partie contient des éléments ou des principes pour la régulation de l'Eglise, tirés des révélations qui furent données depuis son organisation, ainsi que des précédentes.

Il peut y avoir une aversion dans l'esprit de certains à ne pas recevoir quoi que ce soit prétendu être des articles de foi religieuse, en raison du fait qu'il y en a tellement aujourd'hui ; mais si les hommes croient à un système, et professent qu'il fut donné par inspiration, certainement plus ils peuvent le présenter intelligemment, mieux c'est. Cela ne rend pas faux un principe de l'imprimer, pas plus qu'il ne rend vrai de ne pas l'imprimer.

L'Eglise, considérant ce sujet comme important, désigna par leurs serviteurs et délégués — le grand conseil, vos serviteurs — pour sélectionner et compiler ce travail. Plusieurs raisons pourraient être avancées en faveur de cette décision du conseil, mais nous n'ajoutons que quelques mots. Ils savaient que l'Eglise était un mal dont on parlait dans de nombreux endroits — sa foi et sa croyance étaient déformées et la voie de la vérité ainsi renversée. Pour certains, elle était représentée comme ne croyant pas à la Bible, pour d'autres comme un ennemi de tout ordre et de toute droiture, et pour d'autres comme nuisible à la paix de tous les gouvernements, civils et politiques.

Nous nous sommes donc efforcés de présenter, quoiqu'en peu de paroles, notre conviction ; et lorsque nous disons cela, faites confiance humblement à la foi et aux principes de cette société en tant que corps.

Nous ne présentons pas ce petit volume avec une autre attente que celle d'être appelés à répondre à chaque principe avancé, en ce jour où les secrets de tous les cœurs seront révélés et la récompense du travail de chaque homme lui sera accordée.

Avec des sentiments d'estime et de respect sincère, nous souscrivons nous-mêmes vos frères dans les liens de l'Evangile de notre Seigneur Jésus-Christ.

JOSEPH SMITH, fils.
OLIVER COWDERY.
SIDNEY RIGDON.
FG WILLIAMS.

Kirtland, Ohio, 17 février 1835.

LEÇON PREMIÈRE

de la Foi

1. La foi, étant le premier principe de la religion révélée, et la base de toute justice, elle réclame nécessairement la première place dans un cours de leçons conçu pour se dérouler à la compréhension la doctrine de Jésus-Christ.

2. En présentant le sujet de la foi, nous observerons l'ordre suivant :

3. Tout d'abord, la foi elle-même – ce qu'elle est,

4. Deuxièmement, l'objet sur lequel elle repose, et

5. Troisièmement, ses effets qui en découlent.

6. Dans cet ordre nous devons d'abord montrer ce qu'est la foi.

7. L'auteur de l'épître aux Hébreux, dans le onzième chapitre de cette épître, et premier verset [Héb. 1:36], donne la définition suivante du terme foi :

8. « Or la foi est la substance (l'assurance) des choses qu'on espère, la preuve des choses qu'on ne voit pas. »

9. De là, nous apprenons que la foi est l'assurance que les hommes ont de l'existence de choses qu'ils ne virent pas et le principe d'action de tout être intelligent.

10. Si les hommes devaient dûment se considérer et tourner leurs pensées et leurs réflexions vers les opérations de leur propre esprit, ils découvriraient aisément que c'est la foi, et la foi seulement, qui est la cause motrice de toute action en eux ; que sans cela, l'esprit et le corps seraient dans un état d'inactivité et que tous leurs efforts cesseraient, tant physiques que mentaux.

11. Si cette classe remonte et réfléchit à l'histoire de leur vie, à partir de la période de leur premier souvenir, et se demanda quel principe la poussa à l'action, ou ce qui la donna de l'énergie et de l'activité dans toutes leurs occupations légitimes, leurs appels et leurs poursuites, quelle serait la

réponse ? Ne serait-il pas que ce soit l'assurance que nous avions de l'existence de choses que nous n'avions pas encore vues ? N'était-ce pas l'espérance que vous aviez, en conséquence de votre croyance en l'existence de choses invisibles, qui vous stimula à l'action et à l'effort pour les obtenir ? N'êtes-vous pas dépendant de votre foi ou de votre croyance pour l'acquisition de toute connaissance, sagesse et intelligence ? Vous exerceriez-vous pour obtenir la sagesse et l'intelligence à moins que vous ne croyiez que vous pouviez les obtenir ? Auriez-vous jamais semé si vous n'aviez pas cru que vous récolteriez ? Auriez-vous jamais planté si vous n'aviez pas cru que vous recueilleriez ? Auriez-vous jamais demandé à moins que vous n'ayez cru que vous recevriez ? Auriez-vous jamais recherché à moins que vous n'ayez cru que vous trouveriez ? Ou auriez-vous jamais frappé si vous aviez cru qu'il vous seriez ouvert ? En un mot, y a-t-il quelque chose que vous auriez fait, physique ou mental, si vous n'aviez pas cru à l'avance ? Tous vos efforts, de toutes sortes, ne dépendent-ils pas de votre foi ? Ou ne pouvons-nous pas demander, qu'avez-vous, ou que possédez-vous, que vous n'avez pas obtenu grâce à votre foi ? Votre nourriture, votre vêtement, vos logements, ne sont-ils pas tous grâce à votre foi ? Réfléchissez et demandez-vous si ces choses ne sont pas ainsi. Tournez vos pensées sur vos propres esprits et voyez si la foi n'est pas la cause motrice de toute action en vous-même ; et si la cause motrice en vous, n'est-elle pas de tout autre être intelligent ?

12. Et comme la foi est la cause motrice de toute action dans les préoccupations temporelles, il est donc dans le spirituel ; car le Sauveur dit, et que vraiment, que celui qui croit et qui est baptisé sera sauvé. (Marc 16:16) [Marc 8:6]

13. Comme nous recevons par la foi toutes les bénédictions temporelles que nous recevons, nous recevons, de la même manière, toutes les bénédictions spirituelles que nous recevons. Mais la foi est non seulement le principe d'action, mais aussi de pouvoir, en tout être

intelligent, que ce soit au ciel ou sur terre. Ainsi dit l'auteur de l'épître aux Hébreux, 11:3 [Héb. 1:36] :

14. « C'est par la foi que nous reconnaissons que les mondes ont été formés par la parole de Dieu, en sorte que ce qu'on voit n'a pas été fait de choses visibles. »

15. Par cela, nous comprenons que le principe de pouvoir qui existait dans le sein de Dieu, par lequel les mondes furent formés, était la foi, et que c'est grâce à ce principe de pouvoir existant dans la Divinité que toutes les choses créées existent – de sorte que toutes les choses au ciel, sur terre, ou sous la terre, existent grâce à la foi, comme elle existait en lui.

16. Sans le principe de foi, les mondes n'auraient jamais été formés ni l'homme n'aurait été formé de la poussière – c'est le principe par lequel Jéhovah œuvre et par lequel il exerce le pouvoir sur toutes les choses temporelles, ainsi qu'éternelles. Otez ce principe ou cet attribut (car il s'agit d'un attribut) à la Divinité et elle cesserait d'exister.

17. Qui ne peut s'apercevoir que si Dieu forma les mondes par la foi, c'est par la foi qu'il exerce le pouvoir sur eux et que la foi est le principe de pouvoir ? Et que si le principe de pouvoir, il doit l'être aussi bien en l'homme qu'en la Divinité ? C'est le témoignage de tous les écrivains sacrés et la leçon qu'ils se mirent en devoir d'enseigner à l'homme.

18. Le Sauveur dit, Matthieu 17:19, 20 [Matt. 9:7], en expliquant la raison pour laquelle les disciples ne pouvaient pas chasser le diable, que c'était à cause de leur incrédulité : « Car, en vérité, je vous le dis, dit-il, si vous avez la foi comme un grain de sénevé, vous direz à cette montagne: Transporte-toi d'ici là! – et elle s'en ira, et rien ne vous sera impossible. »

19. Moroni, tout en abritant et en compilant les annales de ses pères, nous donna le récit suivant de la foi comme principe de pouvoir : dit-il, page 563 [Ether 5:3], que c'était la foi d'Alma et Amulek qui fit écrouler les murs de la prison, tel qu'enregistré sur la 264e page [Alma 10:11] ; que c'est la foi de Néphi et de Léhi qui fit un changement de cœur des Lamanites lorsqu'ils furent enveloppés du Saint-Esprit et de feu, comme

on le voit sur la 421e page [Hel. 2:25] ; et que c'était par la foi la montagne Zérin fut déplacée lorsque le frère de Jared parla au nom du Seigneur. Voir aussi 565e page.

20. En plus de cela, on nous dit en Hébreux 11:32, 33, 34, 35 [Héb. 1:49], que Gédéon, Barak, Samson, Jephthé, David, Samuel, et les prophètes, par la foi, vainquirent des royaumes, exercèrent la justice, obtinrent des promesses, fermèrent la gueule des lions, éteignirent la puissance du feu, échappèrent au tranchant de l'épée, guérirent de leurs maladies, furent vaillants à la guerre, mirent en fuite des armées étrangères, et que les femmes recouvrèrent leurs morts par la résurrection, etc.

21. Josué aussi, aux yeux de tout Israël, dit au soleil et à la lune de rester immobiles, et il fut fait. (Josué 10:12) [Josué 2:19]

22. Nous comprenons ainsi que les écrivains sacrés disent que toutes ces choses furent faites par la foi. C'est par la foi que les mondes furent formés : Dieu parla, le chaos entendit, et les mondes sont entrés en ordre grâce à la foi qu'il y avait en lui. Ainsi avec l'homme aussi : il parla par la foi au nom de Dieu et le soleil s'arrêta, la lune a obéit, les montagnes se déplacèrent, les prisons tombèrent, la gueule des lions fut fermée, le cœur humain perdit son inimitié, le feu de sa violence, les armées de leur pouvoir, l'épée de sa terreur, et la mort de sa domination, et tout cela grâce à la foi qui était en lui.

23. Sans la foi qui était en l'homme, ils auraient pu parler au soleil, à la lune, aux montagnes, aux prisons, aux lions, au cœur humain, au feu, aux armées, à l'épée, ou à la mort en vain !

24. La foi est donc le premier grand principe de gouvernement qui a pouvoir, domination et autorité sur toutes choses : par elle, ils existent, par elle, ils sont soutenus, par elle, ils sont changés, ou par elle, ils demeurent, selon la volonté de Dieu. Sans elle, il n'y a pas de pouvoir, et sans pouvoir, il ne pourrait y avoir ni création, ni existence !

Questions et réponses sur les principes ci-dessus

25. Question 1 : Qu'est-ce que la théologie ?

Réponse : C'est cette « science révélée qui traite de l'être et des attributs de Dieu, de ses relations avec nous les dispensations de sa providence, de sa volonté à l'égard de nos actions et de ses buts par rapport à notre fin. » (Buck's Theological Dictionary, page 582.)

26. Question 2 : Quel est le premier principe de cette science révélée ?

R : La foi. (¶1.)

27. Question 3 : Pourquoi la foi est-elle le premier principe de cette science révélée ?

R : Parce que c'est le fondement de toute justice. Hébreux 11:6 [Héb. 1:38] : « Sans la foi il est impossible de plaire à Dieu. » 1 Jean 3:7 [1 Jean 1:14] : « Petits enfants, que personne ne vous séduise: celui qui pratique la justice est juste, comme lui-même (Dieu) est juste... » (¶1.)

28. Question 4 : Quel ordre doit-on suivre pour présenter le sujet de la foi ?

R : Premièrement, il faut montrer ce qu'est la foi (¶3) ;

Deuxièmement, l'objet sur lequel elle repose (¶4) ; et

Troisièmement, le produit qui en découle. (¶5.)

29. Question 5 : Qu'est-ce que la foi?

R : C'est l'assurance des choses espérées, la preuve de choses qui ne fut pas vues. Hébreux 11:1 [Héb. 1:36]. C'est-à-dire que c'est l'assurance que nous avons de l'existence de choses invisibles. Et étant l'assurance que nous avons de l'existence de choses invisibles, elle doit être le principe d'action dans tous les êtres intelligents. Hébreux 11:3 [Héb. 1:36] : « Par la foi nous comprenons que les mondes ont été formés par la parole de Dieu... » (¶¶8-9.)

30. Question 6 : Comment prouver que la foi soit le principe d'action dans tous les êtres intelligents ?

R : D'abord, en considérant dûment les opérations de mon propre esprit, et d'autre part, par la déclaration directe des Ecritures. Hébreux 11:7 [Héb. 1:39] : « C'est par la foi que Noé, averti de choses qu'on ne voyait pas encore, ému de crainte, prépara une arche pour sauver sa maison, par laquelle il condamna le monde et devint héritier de la justice qui vient de la foi. » Hébreux 11:8 [Héb. 1:40] : « C'est par la foi qu'Abraham, lorsqu'il fut appelé à partir pour un lieu qu'il devait ensuite recevoir en héritage, obéit, et il partit sans savoir où il allait. » Hébreux 11:9 [Héb. 1:40] : « C'est par la foi qu'il a séjourné dans la terre de promesse, comme dans un pays étranger, habitant dans des tabernacles avec Isaac et Jacob, les héritiers avec lui de la même promesse. » Hébreux 11:27 [Héb. 1:47] : « C'est par la foi que Moïse abandonna l'Egypte, sans craindre la colère du roi, car il endura comme s'il voyait celui qui est invisible. » (¶¶10-11.)

31. Question 7 : La foi n'est-elle pas le principe d'action dans les choses spirituelles ainsi que temporelle ?

R : Il l'est.

32. Question 8 : Comment le prouver ?

R : Hébreux 11:6 [Héb. 1:38] : « Sans la foi, il est impossible de plaire à Dieu. » Marc 16:16 [Marc 8:6] : « Celui qui croit et qui est baptisé sera sauvé. » Romains 4:16 [Rom. 1:20] : « C'est donc par la foi, pour que ce pourrait être par la grâce, afin que la promesse pourrait être assurée à toute la postérité, non seulement à celle qui vient de la loi, mais aussi à celle qui vient de la foi d'Abraham, qui est notre père à tous. » (¶¶12-13.)

33. Question 9 : La foi est-elle autre chose que le principe d'action ?

R : Il l'est.

34. Question 10 : Qu'est-ce que c'est ?

R : C'est aussi le principe de pouvoir. (¶13.)

35. Question 11 : Comment le prouver ?

R : Premièrement, c'est le principe de pouvoir dans la Divinité, ainsi que chez l'homme. Hébreux 11:3 [Héb. 1:36] : « C'est par la foi que nous reconnaissons que les mondes ont été formés par la parole de Dieu, en sorte que ce qu'on voit n'a pas été fait de choses visibles. » (¶¶14-16.)

36. Deuxièmement, c'est aussi le principe de pouvoir chez l'homme. Livre de Mormon, page 264 [Alma 10:11.] Alma et Amulek sont livrés de prison. Idem, page 421 [Hel. 2:24-26.] Néphi et Léhi, avec les Lamanites, sont enveloppés de l'esprit. Idem, page 565 [Ether 5:6.] La montagne Zérin, par la foi du frère de Jéred, se déplaça. Josué 10:12 [Josué 2:19] : « Josué parla au Seigneur, le jour où l'Eternel livra les Amoréens aux enfants d'Israël, et il dit aux yeux d'Israël: Soleil, arrête-toi sur Gabaon, et toi, lune, dans la vallée d'Ajalon. » Josué 10:13 [Josué 2:19] : « Le soleil s'arrêta, et la lune resta immobile, jusqu'à ce que le peuple se soit vengé de ses ennemis. N'est-ce pas écrit dans le livre de Jasher? Le soleil s'arrêta donc au milieu du ciel et ne se hâta pas de se coucher pendant tout un jour. » Matthieu 17:19 [Matt. 9:7] : « Alors les disciples s'approchèrent de Jésus à part et dirent: Pourquoi n'avons-nous pas pu le chasser? » Matthieu 17:20 [Matthieu 9:7] : « Et Jésus leur dit: C'est à cause de votre incrédulité; car je vous le dis en vérité, si vous avez de la foi comme un grain de sénevé, vous direz à cette montagne: Transporte-toi d'ici là, et elle s'en irait; et rien ne vous sera impossible. » Hébreux 11:32 [Héb. 1:49] : « Et que dirai-je encore? Car le temps me manquerait pour parler de Gédéon, de Barak, et de Samson, et de Jephthé, de David aussi, et de Samuel, et des prophètes... » Hébreux 11:33 [Héb. 1:49] : « qui, par la foi, ont conquis des royaumes, exercé la justice, obtenu des promesses, fermé la gueule des lions... » Hébreux 11:34 [Héb. 1:49] : « éteint la violence du feu, échappé au tranchant de l'épée, s'est fortifié à partir de la faiblesse, s'est montré vaillant dans le combat, a mis en fuite les armées des étrangers. » Hébreux 11:35 [Héb. 1:49] : « des femmes ont reçu leurs morts ressuscités, et d'autres ont été torturés, sans accepter la délivrance, afin d'obtenir une meilleure résurrection. » (¶¶16-22.)

37. Question 12 : Comment définir la foi dans son sens le plus illimité ?

R : C'est le premier grand principe de gouvernement, qui a pouvoir, domination et autorité sur toutes les choses. (¶24.)

38. Question 13 : Comment transmettre plus clairement à la compréhension que la foi est le premier grand principe de gouvernement, qui a pouvoir, domination et autorité sur toutes les choses ?

R : Par elle ils existent, par elle ils sont soutenus, par elle ils sont changés, ou par elle ils demeurent, selon la volonté de Dieu ; et sans elle, il n'y a pas de pouvoir ; et sans pouvoir, il ne pourrait y avoir de création, ni d'existence ! (¶24.)

LEÇON DEUXIÈME

de la Foi

1. Après avoir montré dans notre leçon précédente la foi elle-même – ce qu'elle est, nous allons procéder à montrer en second lieu l'objet sur lequel elle repose.

2. Nous observons ici que Dieu est le seul gouverneur suprême et l'être indépendant en qui demeurent toute plénitude et perfection, qu'il est omnipotent, omniprésent et omniscient, sans commencement de jours ni fin de vie, et qu'en lui demeurent tout bon don et tout bon principe, et qu'il est le Père des lumières : qu'en lui, le principe de foi demeure indépendamment ; et qu'il est l'objet dans lequel la foi de tous autres êtres rationnels et responsables est centrée pour la vie et le salut.

3. Afin de présenter cette partie du sujet dans un point de lumière clair et remarquable, il est nécessaire de revenir en arrière et de montrer les preuves que l'humanité eut, et le fondement sur lequel ces preuves sont, ou furent, fondées depuis la création, de croire en l'existence d'un Dieu.

4. Nous ne voulons pas dire ces preuves qui se manifestent par les œuvres de la création, que nous voyons quotidiennement de nos yeux naturels : nous sommes sensibles à ce qu'après une révélation de Jésus-Christ, les œuvres de la Création, à travers leurs vastes formes et variétés, présentent clairement son pouvoir éternel et sa divinité. Romains 1:20 [Rom. 1:4] : « Car ce qu'il y a d'invisible en lui, depuis la création du monde, se voit comme à l'œil, se comprenant par les choses faites: même son pouvoir éternel et sa divinité. » Mais nous entendons ces preuves par lesquelles les premières pensées furent suggérées à l'esprit des hommes qu'il y avait un Dieu qui créa toutes choses.

5. Nous procéderons maintenant à examiner la situation de l'homme à sa première création. Moïse, l'historien, nous donna le rapport suivant de lui dans le premier chapitre du livre de la Genèse, en commençant par le

20e verset, et en terminant par le 30e [Gen. 2:8-9]. Nous copions de la nouvelle traduction :

6. « Et le Seigneur Dieu dit au Fils unique, qui était avec lui dès le commencement: Faisons l'homme à notre image, selon notre ressemblance — et cela fut fait.

7. Et le Seigneur Dieu dit: Qu'ils dominent sur les poissons de la mer, et sur les oiseaux du ciel, et sur le bétail, et sur toute la terre, et sur toutes les choses rampantes qui rampent sur la terre.

8. Dieu créa donc l'homme à son image, à l'image du Fils unique il le créa: homme et femme, il les créa. Et Dieu les bénit et leur dit: Soyez féconds, et multipliez, et remplissez la terre, et soumettez-la, et dominez sur les poissons de la mer, et sur les oiseaux du ciel, et sur tous les êtres vivants qui se meuvent sur la terre.

9. Et le Seigneur Dieu dit à l'homme: Voici, je t'ai donné toute herbe portant de la semence, qui est sur la surface de toute la terre, et tout arbre dont le fruit d'un arbre qui porte de la semence ; il vous servira de la nourriture. »

10. Encore une fois, Genèse 2:15, 16, 17, 19, 20 [Gen. 2:13] : « Et le Seigneur Dieu prit l'homme et le mit dans le jardin d'Eden, pour le cultiver et le garder. Le Seigneur Dieu donna cet ordre à l'homme: Tu pourras manger librement de tous les arbres du jardin, mais tu ne mangeras pas de l'arbre de la connaissance du bien et du mal, et tu n'y toucheras pas; néanmoins, tu pourras choisir par toi-même, car cela t'est donné, mais souviens-toi que je le défens, car le jour où tu en mangeras tu mourras certainement.

11. Le Seigneur Dieu forma du sol tous les animaux des champs et tous les oiseaux du ciel, et il commanda qu'on les amena à Adam pour voir comment il les appellerait. Et quoi que ce soit le nom donné par Adam à tout être vivant fut son nom. Et Adam donna des noms à tout le bétail, et aux oiseaux du ciel, et à toutes les bêtes des champs. »

12. De ce qui précède, nous apprenons la situation de l'homme lors de sa première création : la connaissance avec laquelle il fut doté, et la station élevée et exaltée dans laquelle il fut placé – seigneur ou gouverneur de toutes choses sur terre, et en même temps jouir de la communion et des interactions avec son Créateur sans voile pour les séparer. Nous procéderons ensuite à l'examen du récit de sa chute, et d'être chassé du jardin d'Eden et de la présence du Seigneur.

13. Moïse poursuit : « Et ils [Adam et Eve] entendirent la voix du Seigneur Dieu comme ils se promenaient dans le jardin à la fraîcheur du jour, et Adam et sa femme se cachèrent de la présence du Seigneur Dieu parmi les arbres du jardin. Le Seigneur Dieu appela Adam et lui dit : Où vas-tu ? Et il répondit : J'ai entendu ta voix dans le jardin, et j'ai eu peur, car j'ai vu que j'étais nu, et je me suis caché.

14. Et le Seigneur Dieu dit à Adam : Qui t'a dit que tu étais nu ? As-tu mangé de l'arbre dont je t'ai dit que tu ne devais pas manger ? S'il en est ainsi, tu mourras certainement ? Et l'homme répondit : La femme que tu m'as donnée, et à qui tu as commandé qu'elle reste avec moi, m'a donné du fruit de l'arbre, et j'en ai mangé.

15. Et le Seigneur Dieu dit à la femme : Qu'est-ce que tu as fait ? Et la femme dit: Le serpent me séduit et je manga.

16. Et de nouveau, le Seigneur dit à la femme: Je augmenterai beaucoup ta douleur et ta conception; dans la douleur tu enfanteras; et ton désir se portera vers ton mari, et il te présidera.

17. Et le Seigneur Dieu dit à Adam: Parce que tu as écouté la voix de ta femme et que tu as mangé du fruit de l'arbre au sujet duquel je t'avais commandé, disant: Tu n'en mangeras point — le sol sera maudit à cause de toi ; tu en mangeras avec douleur tous les jours de ta vie. Il te produira des épines et des chardons, et tu mangeras l'herbe des champs. C'est à la sueur de ton visage que tu mangeras du pain, jusqu'à ce que tu retournes à la terre — car tu mourras certainement — car c'est d'elle que tu as été pris; car tu étais poussière et tu retourneras à la poussière. » Cela fut

immédiatement suivi par l'accomplissement de ce que nous avons dit précédemment : L'homme fut chassé, ou envoyé, hors d'Eden.

18. Deux points importants ressortent des citations précédentes : Premièrement, après que l'homme fut créé, il ne fut pas laissé sans intelligence ni compréhension, à errer dans l'obscurité et à passer une existence dans l'ignorance et le doute – sur le grand et important point qui affecta son bonheur – quant au fait réel par qui il fut créé, ou auprès de qui il était responsable de sa conduite. Dieu conversa avec lui face à face : en sa présence, il était permis de se tenir, et de sa propre bouche, il était permis de recevoir des instructions – il entendit sa voix, marcha devant lui, et contempla sa gloire tandis que l'intelligence éclatait sur sa compréhension et lui permit de donner des noms au vaste assemblage des œuvres de son Créateur.

19. Deuxièmement, nous vîmes que, bien que l'homme transgressât, sa transgression ne le priva pas des connaissances antérieures avec lesquelles il fut doté au sujet de l'existence et de la gloire de son Créateur ; car à peine entendit-il sa voix qu'il cherchait à se cacher de sa présence.

20. Après avoir montré, alors, en premier lieu, que Dieu commença à converser avec l'homme immédiatement après avoir « soufflé dans ses narines le souffle de vie » et qu'il n'eut de cesse de se manifester à lui, même après sa chute, nous allons ensuite procéder à montrer que, bien qu'il fut chassé du jardin d'Eden, sa connaissance de l'existence de Dieu ne fut pas perdue, et que Dieu ne cessa pas de lui manifester sa volonté.

21. Nous présentons ensuite le récit de la révélation directe que l'homme reçut après qu'il fut chassé d'Eden, et continuons à copier de la nouvelle traduction [Gen. 3:1-4] :

22. « Après avoir été chassé du jardin, Adam commença à cultiver la terre, à dominer sur toutes les bêtes des champs et à manger son pain à la sueur de son front, comme le Seigneur le lui avait commandé; et il invoqua le nom du Seigneur, et Eve, sa femme, fit de même. Et ils entendirent la voix du Seigneur qui leur parlait venant de la direction du

jardin d'Eden ; et ils ne le virent pas, car ils étaient exclus de sa présence, mais il leur donna des commandements pour qu'ils adorent le Seigneur leur Dieu et qu'ils offrent les premiers-nés de leurs troupeaux en offrande au Seigneur. Et Adam obéit au commandement.

23. Et après de nombreux jours, un ange du Seigneur apparut à Adam et lui dit: Pourquoi offres-tu des sacrifices au Seigneur ? Et Adam lui dit : Je ne sais pas, si ce n'est que le Seigneur me l'a commandé.

24. Et l'ange lui dit : C'est une similitude du sacrifice du Fils unique du Père, qui est plein de grâce et de vérité. Et tu feras tout ce que tu fais au nom du Fils; et tu te repentiras et invoqueras dorénavant Dieu en son nom. Ce jour-là, le Saint-Esprit descendit sur Adam et rendit témoignage du Père et du Fils. »

25. Cette dernière citation, ou résumé, montre ce fait important – que même si nos premiers parents furent chassés du jardin d'Eden et furent séparés même de la présence de Dieu par un voile, ils conservèrent tout de même une connaissance de son existence, suffisante pour les inciter à invoquer son nom. Et que plus tard, aussitôt que le plan de rédemption fut révélé à l'homme et qu'il commença à invoquer Dieu, que le Saint-Esprit lui fut donné, rendant témoignage du Père et du Fils.

26. Moïse nous donne aussi un récit dans le 3e chapitre de la Genèse [Gen. 3:6-9] de la transgression de Caïn, et de la justice d'Abel, et des révélations de Dieu pour eux. Il dit : « Au fil du temps, Caïn apporta du fruit du sol une offrande au Seigneur. Abel apporta aussi des premiers-nés de son troupeau et de sa graisse. Le Seigneur porta un regard favorable sur Abel et sur son offrande, mais il ne porta pas un regard favorable sur Caïn ni sur son offrande. Satan sut cela et cela lui fut agréable. Caïn fut très en colère et son visage fut abattu. Et le Seigneur dit à Caïn: Pourquoi es-tu en colère ? Pourquoi ton visage est-il abattu ? Si tu fais bien, ne seras-tu pas accepté ? Et si tu n'agis pas bien, le péché se couche à la porte, et Satan désire t'avoir, et si tu n'obéis pas à mes commandements, je te livrerai, et il te sera fait selon son désir.

27. Et Caïn alla dans les champs et parla avec son frère Abel. Et tandis qu'ils étaient dans le champ, Caïn se jeta contre son frère Abel et le tua. Et Caïn se glorifia de ce qu'il avait fait, disant : Je suis libre ! Les troupeaux de mon frère tomberont maintenant entre mes mains.

28. Mais le Seigneur dit à Caïn : Où est Abel, ton frère ? Il répondit : Je ne sais pas. Suis-je le gardien de mon frère ? Et le Seigneur dit : Qu'as-tu fait ? La voix du sang de ton frère crie de la terre jusqu'à moi. Et maintenant tu seras maudit de la terre qui a ouvert sa bouche pour recevoir de ta main le sang de ton frère. Quand tu cultiveras le sol, elle ne te cédera plus sa force. Tu seras errant et vagabond sur la Terre.

29. Et Caïn dit au Seigneur : Satan m'a tenté à cause des troupeaux de mon frère. Et j'étais aussi en colère, car son offrande a été acceptée et pas la mienne. Mon châtiment est plus grand que ce que je peux supporter. Voici, tu me chasses aujourd'hui de la face des hommes, et de ta face je serai aussi caché, et je serai errant et vagabond sur la terre. Et il arrivera que quiconque me trouvera me tuera à cause de mon serment, car ces choses ne sont pas cachées au Seigneur. Et le Seigneur lui dit: C'est pourquoi, si quelqu'un tue Caïn, il sera sept fois vengé. Et le Seigneur mit une marque sur Caïn, pour que quiconque le trouverait ne le tuât point. »

30. L'objet des citations ci-dessus est de montrer à cette classe la façon dont l'humanité eut cette connaissance première de l'existence d'un Dieu : que c'était par une manifestation de Dieu à l'homme, et que Dieu continua, après la transgression de l'homme, à se manifester à lui et à sa postérité : et bien qu'elle fut séparée de sa présence immédiate pour que les hommes ne pouvaient plus voir son visage, ils continuaient à entendre sa voix.

31. Adam, ayant ainsi fait connaissance de Dieu, communiqua la connaissance qu'il avait à sa postérité ; et ce fut par ses dires que fut suggérée à leur esprit la pensée qu'il y avait un Dieu, qui posa les bases de l'exercice de leur foi, grâce à laquelle ils pouvaient obtenir une connaissance de sa personne et aussi de sa gloire.

32. Non seulement il y eut une manifestation faite à Adam de l'existence d'un Dieu, mais Moïse nous informe, comme cité précédemment, que Dieu eut la condescendance de parler avec Caïn après sa grande transgression en tuant son frère, et que Caïn sût que c'était le Seigneur qui parlait avec lui, de sorte que lorsqu'il fut chassé de la présence de ses frères, il emporta la connaissance de l'existence d'un Dieu : et par ce moyen, sans doute sa postérité firent connaissance avec le fait qu'un tel être existait.

33. De là, nous pouvons voir que toute la famille humaine, dans le jeune âge de leur existence, dans toutes leurs différentes branches, fit diffuser ces connaissances parmi eux ; de sorte que l'existence de Dieu est devenue un objet de foi dans le jeune âge du monde. Et les preuves que ces hommes avaient de l'existence d'un Dieu étaient le témoignage de leurs pères en premier lieu.

34. La raison pour laquelle nous insistâmes ainsi sur cette partie de notre sujet est que cette classe puisse voir par quels moyens c'était que Dieu est devenu un objet de foi parmi les hommes après la Chute, et ce qui suscita la foi des multitudes de ressentir un désir auprès de lui, à rechercher une connaissance de sa personnalité, de ses perfections et de ses attributs jusqu'à ce qu'ils se familiarisent largement avec lui ; et non seulement communier avec lui et voir sa gloire, mais aussi pour qu'ils partagent son pouvoir et se tiennent en sa présence.

35. Que cette classe marque en particulier que le témoignage de ces hommes de l'existence d'un Dieu était le témoignage de l'homme, car avant qu'un membre de la postérité d'Adam eût obtenu une manifestation de Dieu, Adam, leur père à tous, avait témoigné à eux de l'existence de Dieu et de son pouvoir éternel et de sa divinité.

36. Par exemple, Abel, avant qu'il ne reçut l'assurance des cieux que ses offrandes étaient acceptables à Dieu, avait reçu de son père l'information importante qu'un tel être existait, qui avait créé et qui avait soutenu toutes choses. Personne ne peut mettre en doute à l'esprit de quiconque qu'Adam

fut le premier à communiquer la connaissance de l'existence d'un Dieu à sa postérité, et que toute la foi du monde, de ce temps jusqu'au présent, dépend dans une certaine mesure des connaissances qui leur furent communiquées à l'origine par leur ancêtre commun à tous ; et il fut transmis au jour et à la génération dans laquelle nous vivons, comme nous le montrerons des annales sacrées.

37. Premièrement, Adam avait 130 ans lorsque Seth naquit. (Genèse 5:3) [Gen. 3:15]. Et les jours d'Adam, après la naissance de Seth, furent 800 ans, ce qui lui faisait 930 ans lorsqu'il mourut. (Genèse 5:4, 5) [Gen. 3:15]. Seth avait 105 ans lorsque naquit Enosch (Genèse 5:6) [Gen. 3:16] ; Enosch avait 90 ans lorsque Kénan naquit (Genèse 5:9) [Gen. 3:19] ; Kénan avait 70 ans lorsque Mahalalel naquit (Genèse 5:12) [Gen. 3:20] ; Mahalalel avait 65 ans lorsque Jéred naquit (Genèse 5:15) [Gen. 3:20] ; Jéred avait 162 ans lorsqu'Hénoc naquit (Genèse 5:18) [Gen. 3:22] ; Hénoc avait 65 ans lorsque Métuschélah naquit (Genèse 5:21) [Gen. 3:25] ; Métuschélah avait 187 ans lorsque Lémec naquit (Genèse 5:25) [Gen. 5:3] ; Lémec avait 182 ans lorsque Noé naquit (Genèse 5:28) [Gen. 5:4].

38. De ce compte, il apparaît que Lémec, le neuvième d'Adam et le père de Noé, avait 56 ans lorsqu'Adam mourut ; Métuschélah, 243 ; Hénoc, 308 ; Jéred, 470 ; Mahalalel, 535 ; Kénan, 605 ; Enosch, 695 ; et Seth, 800.

39. De sorte que Lémec, le père de Noé, Métuschélah, Hénoc, Jéred, Mahalalel, Kénan, Enos, Seth, et Adam vivaient tous en même temps et, au-delà de toute controverse, étaient tous des prédicateurs de la droiture.

40. Moïse nous informe en plus que Seth vécut après avoir engendré Enosch, 807 ans, ce qui lui fit 912 ans à sa mort. (Genèse 5:7, 8) [Gen. 3:16, 18]. Et Enosch vécut après avoir engendré Kénan, 815 ans, lui faisant 905 ans lorsqu'il mourut (Genèse 5:10, 11) [Gen. 3:19]. Et Kénan vécut après avoir engendré Mahalalel, 840 ans, lui faisant 910 ans à sa mort (Genèse 5:13, 14) [Gen. 3:20]. Et Mahalalel vécut après avoir

engendré Jéred, 830 ans, faisant 895 ans lorsqu'il mourut (Genèse 5:16, 17) [Gen. 3:21]. Et Jéred vécut après avoir engendré Hénoc, 800 ans, lui faisant 962 ans à sa mort (Genèse 5:19, 20) [Gen. 3:22, 24]. Et Hénoc marcha avec Dieu, après avoir engendré Métuschélah, 300 ans, lui faisant 365 ans lorsqu'il a été traduit (Genèse 5:22, 23) [Gen. 4:23]. Et Métuschélah vécut après avoir engendré Lémec, 782 ans, ce qui lui fit 969 ans lorsqu'il mourut (Genèse 5:26, 27) [Gen. 5:3]. Lémec vécut après avoir engendré Noé, 595 ans, lui faisant 777 ans lorsqu'il mourut (Genèse 5: 30, 31) [Gen. 5:4].

41. Selon ce récit, Adam mourut en la 930e année du monde, Hénoc a été traduit en la 987e, Seth mourut en le 1042e, Enosch en le 1140e, Kénan en le 1235e, Mahalalel en le 1290e, Jéred en le 1422e, Lémec en le 1651e, et Métuschélah en le 1656e, c'est la même année que le Déluge.

42. Ainsi, Noé avait 84 ans lorsqu'Enosch mourut, 176 lorsque Kénan mourut, 234 lorsque Mahalalel mourut, 366 lorsque Jéred mourut, 595 lorsque Lémec mourut, et 600 lorsque Métuschélah mourut.

43. Nous pouvons voir qu'Enosch, Kénan, Mahalalel, Jéred, Métuschélah, Lémec et Noé vécurent tous sur la terre à la même époque. Et qu'Enosch, Kénan, Mahalalel, Jéred, Métuschélah et Lémec connurent tous Adam et Noé.

44. De ceci il est facile de voir non seulement la façon dont la connaissance de Dieu vint dans le monde, mais sur quel principe elle fut conservé : comment, depuis le moment où elle fut communiquée, elle resta dans l'esprit des hommes justes qui enseignèrent non seulement leur propre postérité, mais au monde, de sorte qu'il n'y avait pas besoin d'une nouvelle révélation à l'homme après la création d'Adam à Noé, de leur donner la première idée ou la notion de l'existence d'un Dieu – et non seulement d'un Dieu, mais le Dieu vrai et vivant.

45. Ayant retracé la chronologie du monde d'Adam à Noé, nous allons maintenant retracer celle de Noé à Abraham. Noé avait 502 ans lorsque Sem naquit ; 98 ans plus tard, le Déluge est venu, étant la 600e année de

l'âge de Noé. Et Moïse nous informe que Noé vécut après le Déluge 350 ans, ce qui lui a fait 950 ans lorsqu'il mourut. (Genèse 9:28, 29) [Gen. 5:24].

46. Sem avait 100 ans lorsqu'Arpacschad naquit (Genèse 11:10) [Gen. 6:7]. Arpacschad avait 35 ans lorsque Schélach naquit (Genèse 11:12) [Gen. 6:7] ; Schélach avait 30 ans lorsqu'Héber naquit (Genèse 11:14) [Gen. 6:7] ; Héber avait 34 ans lorsque Péleg naquit, à l'époque où la terre fut divisée (Genèse 11:16) [Gen. 6:7] ; Péleg avait 30 ans lorsque Rehu naquit (Genèse 11:18) [Gen. 6:7] ; Rehu avait 32 ans lorsque Serug naquit (Genèse 11:20) [Gen. 6:7] ; Serug avait 30 ans lorsque Nachor naquit (Genèse 11:22) [Gen. 6:7] ; Nachor avait 29 ans lorsque Térach naquit (Genèse 11:24) [Gen. 6:7] ; Térach avait 70 ans lorsqu'Haran et Abraham naquirent (Genèse 11:26) [Gen. 6:7].

47. Il y a une certaine difficulté dans le récit donné par Moïse de la naissance d'Abraham. Certains ont supposé qu'Abraham ne naquit que lorsque Térach eut 130 ans. Cette conclusion est tirée d'une variété d'Ecritures qui n'est pas dans notre intention de citer maintenant. Ceci ne prête pas à conséquence pour nous de savoir si Abraham naquit lorsque Térach avait 70 ans ou 130. Mais afin qu'il n'y ait aucun doute dans notre esprit au sujet de ce qui nous concerne maintenant, nous allons dater la naissance d'Abraham en présentant la chronologie suivante à partir de la dernière période : c'est-à-dire lorsque Térach avait 130 ans. D'après ceci, il apparaît qu'il s'écoula 352 ans entre le Déluge et la naissance d'Abraham.

48. Moïse nous informe que Sem vécut, après avoir engendré Arpacschad, 500 ans (Genèse 11:11) [Gen. 6:7] ; ceci ajouté à 100 ans, qui était son âge lorsqu'Arpacschad naquit, le rend 600 ans quand il mourut. Arpacschad vécut, après avoir engendré Schélach, 403 ans (Genèse 11:13) [Gen. 6:7] ; ceci s'ajouté à 35 ans, qui avait son âge lorsque Schélach naquit, le fait 438 ans lorsqu'il mourut. Schélach vécut, après avoir engendré Héber, 403 ans (Genèse 11:15) [Gen. 6:7] ; ceci s'ajouté à 30 ans, qui avait son âge lorsqu'Héber naquit, le fait 433 ans

lorsqu'il mourut. Héber vécut, après avoir engendré Péleg, 430 ans (Genèse 11:17) [Gen. 6:7] ; ceci ajouté à 34 ans, qui avait son âge lorsque Péleg naquit, le fait 464 ans. Péleg vécut, après avoir engendré Rehu, 209 ans (Genèse 11:19) [Gen. 6:7] ; ceci ajouté à 30 ans, qui était son âge lorsque Rehu naquit lui fait 239 ans lorsqu'il mourut. Rehu vécut, après avoir engendré Serug, 207 ans (Genèse 11:21) [Gen. 6:7] ; ceci ajouté à 32 ans, qui était son âge lorsque Serug naquit, le fait 239 ans lorsqu'il mourut. Serug a vécu, après avoir engendré Nachor, 200 ans (Genèse 11:23) [Gen. 6:7] ; ceci ajouté à 30 ans, qui était son âge lorsque Nachor naquit, le fait 230 ans lorsqu'il mourut. Nachor vécut, après avoir engendré Térach, 119 ans (Genèse 11:25) [Gen. 6:7] ; ceci ajouté à 29 ans, qui avait son âge lorsque Térach naquit, le fait 148 ans lorsqu'il mourut. Térach avait 130 ans lorsqu'Abraham naquit, et est supposé avoir vécu 75 ans après sa naissance, ce qui fait de lui 205 ans lorsqu'il mourut.

49. Selon ce récit, Péleg est mort en 1996e année mondiale, Nachor en 1997e, et Noé en 2006e. Ainsi que Péleg, à l'époque où la terre fut divisée, et Nachor, le grand-père d'Abraham, tous deux moururent avant Noé : le premier ayant 239 ans et le second 148. Et qui ne peut que voir qu'ils ont dû avoir une connaissance longue et intime avec Noé ?

50. Rehu mourut dans la 2026e année du monde, Serug dans le 2049e, Térach dans le 2083e, Arpacschad dans le 2096e, Schélach dans le 2126e, Sem dans le 2158e, Abraham dans le 2183e, et Héber dans le 2187e, c'est-à-dire 4 ans après la mort d'Abraham. Et Héber était le quatrième de Noé.

51. Nachor, le frère d'Abraham, avait 58 ans lorsque Noé mourut, Térach 128, Serug 187, Rehu 219, Héber 283, Schélach 313, Arpacschad 344, et Sem 448.

52. Il apparaît par conséquent que Nachor, frère d'Abraham, Térach, Nachor, Serug, Rehu, Péleg, Héber, Schélach, Arpacschad, Sem et Noé vivaient tous sur la terre à la même époque. Et qu'Abraham avait 18 ans lorsque Rehu mourut, 41 lorsque Serug et son frère Nachor moururent, 75

lorsque Térach mourut, 88 lorsqu'Arpacschad mourut, 118 lorsque Schélach mourut, 150 lorsque Sem mourut, et que Héber vécut 4 ans après la mort d'Abraham. Et que Sem, Arpacschad, Schélach, Héber, Rehu, Serug, Térach, et Nachor, le frère d'Abraham, et Abraham, vivaient à la même époque. Et que Nachor, frère d'Abraham, Térach, Serug, Rehu, Héber, Schélach, Arpacschad et Sem, connurent tous Noé et Abraham.

53. Nous retraçâmes maintenant la chronologie du monde, selon le récit donné dans notre Bible actuelle d'Adam à Abraham, et établîmes clairement, au-delà du pouvoir de la controverse, qu'il n'y eut aucune difficulté à conserver la connaissance de Dieu dans le monde dès la création d'Adam, et la manifestation faite à ses descendants immédiats, comme prévu dans la partie précèdent de cette leçon, de sorte que les élèves de cette classe n'ont pas besoin d'avoir une doute reposant sur leurs esprits sur ce sujet ; car ils peuvent facilement voir qu'il est impossible qu'il en soit autrement, mais que la connaissance de l'existence d'un Dieu dut se perpétuer de père en fils, au moins en tant que tradition. Car nous ne pouvons pas supposer qu'une connaissance de ce fait important ait pu exister dans l'esprit de qui que ce soit parmi les personnes mentionnées précédemment sans qu'elle ne l'ait été transmise à leur postérité.

54. Nous montrâmes comment advint dans l'esprit de tous la première pensée d'un être tel que Dieu, qui eut créé et eut soutenu toutes choses : que c'était grâce à la manifestation qui fut d'abord faite à notre père Adam, lorsqu'il se tint en sa présence et il conversa face à face avec lui, au moment de sa création.

55. Observons que lorsque chaque partie de la famille humaine soit mise au courant du fait important qu'il y a un Dieu qui créa et qui soutient toutes choses, l'étendue de leur connaissance, au sujet de sa personne et de sa gloire, dépendra de leur diligence et de leur fidélité à le rechercher, jusqu'à ce que, comme Hénoc, le frère de Jared, et Moïse, ils obtiendront la foi en Dieu et le pouvoir avec lui de le voir face à face.

56. Nous montrâmes clairement maintenant comment il est, et comment il était, que Dieu devint un objet de foi pour les êtres rationnels, et aussi sur quel fondement le témoignage reposa, qui a déclenché l'enquête et la recherche diligente des saints anciens à rechercher et à obtenir une connaissance de la gloire de Dieu. Et nous avons vu que c'était le témoignage humain, et le témoignage humain seulement, qui déclencha cette enquête dans leur esprit – c'était le crédit qu'ils accordèrent au témoignage de leurs pères – ce témoignage ayant éveillé leur esprit de s'enquérir de la connaissance de Dieu, l'enquête se termina fréquemment, voire toujours termina, lorsqu'elle était bien menée, dans les découvertes les plus glorieuses et la certitude éternelle.

Questions et réponses sur les principes ci-dessus

57. Question 1 : Y a-t-il un être qui a foi en lui-même de façon indépendante ?
Réponse : Il y en a.

58. Question 2 : Qui est-ce ?
R : C'est Dieu.

59. Question 3 : Comment prouver que Dieu a foi en lui-même de façon indépendante ?
R : Parce qu'il est omnipotent, omniprésent et omniscient, sans commencement de jours ni fin de vie, et en lui toute plénitude demeure. Ephésiens 1:23 [Eph. 1:3] : « qui est son corps, la plénitude de celui qui remplit tout en tous. » Colossiens 1:19 [Col. 1:4] : « Car il a plu au Père que toute plénitude habitat en lui. » (¶12.)

60. Question 4 : Est-il l'objet en qui la foi de tout autre être rationnel et comptable se centre pour la vie et le salut ?
R : Il l'est.

61. Question 5 : Comment le prouver ?
R : Esaïe 45:22 [Esaïe 15:19] : « Tournez-vous vers moi, et soyez sauvés, vous tous qui êtes aux extrémités de la terre: car je suis Dieu, et il n'y en a

point d'autre. » Romains 11:34-36 [Rom. 1:58]: « Qui a connu l'esprit du Seigneur ? Ou qui a été son conseiller ? Ou qui lui a donné le premier, pour qu'il lui soit récompensé en retour ? C'est de lui, par lui, et pour lui que sont toutes choses : à lui la gloire à jamais. Amen. » Esaïe 40:9-17 [Esaïe 14:2-3] : « O Sion, qui publie la bonne nouvelle (ou, O tu qui dis de bonnes nouvelles à Sion), monte sur la haute montagne: O Jérusalem, qui publie la bonne nouvelle (ou, O tu qui dis les bonnes nouvelles à Jérusalem), élève ta voix avec force; élèves-la, ne crains point ; dis aux villes de Juda : Voici votre Dieu ! Voici, le Seigneur Dieu vient avec une main forte [ou, contre les forts], et son bras présidera pour lui : voici, sa récompense est avec lui et son œuvre le précédent (ou, récompense pour son œuvre). Il paîtra son troupeau comme un berger, il prendra les agneaux dans ses bras, et les portera dans son sein, et conduira doucement ceux qui sont avec les jeunes. Qui a mesuré les eaux dans le creux de sa main, pris les dimensions des cieux avec la portée, et ramassé la poussière de la terre dans un tiers de mesure, a pesé les montagnes dans les balances, ainsi que les collines ? Qui a dirigé l'esprit du Seigneur, ou bien, comme conseiller, l'a enseigné ? Avec qui a-t-il pris conseil, et qui la instruit, et lui a appris selon le chemin de la justice, et lui a enseigné la connaissance, et lui a fait connaître le chemin de l'intelligence ? Voici, les nations sont comme une goutte d'un seau et sont comme de la fine poussière sur une balance; voici, il enlève les îles comme une toute petite chose. Et le Liban ne suffit pas pour le feu, et ses bêtes ne suffisent pas pour l'holocauste. Toutes les nations sont devant lui comme un rien, et elles sont pour lui moins que le néant et la vanité. » Jérémie 51:15, 16 [Jér. 18:13] : « Il (le Seigneur) a créé la terre par son pouvoir, il a fondé le monde par sa sagesse, et a étendu le ciel par son intelligence. Lorsqu'il prononce sa voix, il y a une multitude d'eaux dans les cieux; il fait monter les nuages des extrémités de la terre : il produit les éclairs avec la pluie, il tire le vent de ses trésors. » 1 Corinthiens 8:6 [1 Cor. 1:32] : « Néanmoins pour nous il n'y a qu'un seul Dieu, le Père, de qui viennent toutes choses et nous sommes en lui, et un seul Seigneur Jésus-Christ, par qui sont toutes choses et par lui nous sommes. » (¶12.)

62. Question 6 : Comment les hommes arrivèrent-ils à la connaissance de l'existence d'un Dieu, afin d'exercer la foi en lui ?

R : Pour répondre à cette question, il faudra revenir en arrière et examiner l'homme à sa création, les circonstances dans lesquelles il fut mis, et la connaissance qu'il eut de Dieu. (¶¶3-11.)

63. Premièrement, quand l'homme fut créé, il se tint en présence de Dieu (Genèse 1:27, 28) [Gen. 2:8-9]. De cela, nous apprenons que l'homme, à sa création, se tint en présence de son Dieu, et eut la connaissance la plus parfaite de son existence.

64. Deuxièmement, Dieu discuta avec lui après sa transgression (Genèse 3:8-22) [Gen. 2:17-19]. (¶¶13-17.) De cela, nous apprenons que, bien que l'homme eût transgressé, il ne fut pas privé des connaissances antérieures qu'il eut de l'existence de Dieu. (¶19.)

65. Troisièmement, Dieu discuta avec l'homme après qu'il l'eut jeté hors du jardin. (¶¶22-25.)

66. Quatrièmement, Dieu conversa également avec Caïn après avoir tué Abel (Genèse 4 : 4-6) [Gen. 3:8]. (¶¶26-29.)

67. Question 7 : Quel est l'objet de la citation ci-contre ?

R : C'est qu'on peut voir clairement comment les premières pensées furent suggérées à l'esprit des hommes de l'existence de Dieu, et combien largement cette connaissance fut répandue parmi les descendants immédiats d'Adam. (¶¶30-33.)

68. Question 8 : Quel témoignage les descendants immédiats d'Adam eurent-t-ils en preuve de l'existence d'un Dieu ?

R : Le témoignage de leur père. Et après qu'ils furent faits connaissance de son existence par le témoignage de leur père, ils dépendirent de l'exercice de leur propre foi pour une connaissance de sa personnalité, de ses perfections et de ses attributs. (¶¶23-26.)

69. Question 9 : Est-ce que d'autres membres de la famille humaine, outre Adam, avaient une connaissance de l'existence de Dieu, en premier lieu, par d'autres moyens que le témoignage humain ?

R : Ils n'en avaient point. Avant le moment où ils pouvaient avoir le pouvoir d'obtenir une manifestation pour eux-mêmes, le fait tout important leur fut communiqué par leur père à tous : et ainsi, de père en enfant, les connaissances furent communiquées autant que la connaissance de son existence fut connue ; car c'est par ce moyen, à la première instance, que les hommes reçurent une connaissance de son existence. (¶¶35, 36.)

70. Question 10 : Comment savoir que la connaissance de l'existence de Dieu fut communiquée de cette manière à travers les différents âges du monde ?

R : Par la chronologie obtenue par les révélations de Dieu.

71. Question 11 : Comment diviser cette chronologie afin de la transmettre clairement à la compréhension ?

R : En deux parties : D'abord, en embrassant cette période du monde d'Adam à Noé, et d'autre part, de Noé à Abraham, à partir de laquelle la connaissance de l'existence de Dieu fut si générale qu'il n'y a aucun doute de quelle manière l'idée de son existence fut conservée dans le monde.

72. Question 12 : Combien d'hommes justes notés vécurent d'Adam à Noé ?

R : Neuf, qui comprend Abel, qui fut tué par son frère.

73. Question 13 : Comment s'appellent-ils ?

R : Abel, Seth, Enosch, Kénan, Mahalalel, Jéred, Hénoc, Métuschélah et Lémec.

74. Question 14 : Quel âge avait Adam lorsque Seth naquit ?

R : Cent trente ans (Genèse 17:3) [Gen. 3:15].

75. Question 15 : Combien d'années Adam vécut-il après la naissance de Seth ?

R : Huit cents (Genèse 5:4) [Gen. 3:15].

76. Question 16 : Quel âge avait Adam lorsqu'il mourut ?

R : Neuf cent trente ans (Genèse 5:5) [Gen. 3:15].

77. Question 17 : Quel âge avait Seth lorsqu'Enosch naquit ?

R : Cent cinq ans (Genèse 5:6) [Gen. 3:16].

78. Question 18 : Quel âge avait Enosch lorsque Kénan naquit ?

R : Quatre-vingt-dix ans (Genèse 5:9) [Gen. 3:19].

79. Question 19 : Quel âge avait Kénan lorsque Mahalalel naquit ?

R : Soixante-dix ans (Genèse 5:12) [Gen. 3:20].

80. Question 20 : Quel âge avait Mahalalel lorsque Jéred naquit ?

R : Soixante-cinq ans (Genèse 5:15) [Gen. 3:21].

81. Question 21 : Quel âge avait Jéred lorsqu'Hénoc naquit ?

R : Cent soixante-deux ans (Genèse 5:18) [Gen. 3:22].

82. Question 22 : Quel âge avait Hénoc lorsque Métuschélah naquit ?

R : Soixante-cinq (Genèse 5:21) [Gen. 3:25].

83. Question 23 : Quel âge avait Métuschélah lorsque Lémec naquit ?

R : Cent quatre-vingt-sept ans (Genèse 5:25) [Gen. 5:3].

84. Question 24 : Quel âge avait Lémec lorsque Noé naquit ?

R : Cent quatre-vingt-deux ans (Genèse 5:28) [Gen. 5:4]. Pour cette chronologie voir (¶37).

85. Question 25 : Combien d'années y eut-t-il, selon ce récit, d'Adam à Noé ?

R : Mille cinquante-six ans.

86. Question 26 : Quel âge avait Lémec lorsque Adam mourut ?

R : Lémec, le neuvième d'Adam (y compris Abel), et le père de Noé, avait cinquante-six ans lorsqu'Adam mourut.

87. Question 27 : Quel âge avait Métuschélah ?

R : Deux cent quarante-trois ans.

88. Question 28 : Quel âge avait Hénoc ?

R : Trois cent huit ans.

89. Question 29 : Quel âge avait Jéred ?

R : Quatre cent soixante-dix ans.

90. Question 30 : Quel âge avait Mahalalel ?

R : Cinq cent trente-cinq.

91. Question 31 : Quel âge avait Kénan ?

R : Six cent cinq ans.

92. Question 32 : Quel âge avait Enosch ?

R : Six cent quatre-vingt-quinze ans.

93. Question 33 : Quel âge avait Seth ?

R : Huit cents. Pour cet article du compte voir ¶38.

94. Question 34 : Combien de ces hommes de la note étaient contemporains avec Adam ?

R : Neuf.

95. Question 35 : Comment s'appellent-ils ?

R : Abel, Seth, Enosch, Kénan, Mahalalel, Jéred, Hénoc, Métuschélah et Lémec. (¶39.)

96. Question 36 : Depuis combien de temps Seth a-t-il vécu après la naissance d'Enosch ?

R : Huit cent sept ans (Genèse 5:7) [Gen. 3:16].

97. Question 37 : Quel âge avait Seth à sa mort ?

R : Neuf cent douze ans (Genèse 5:8) [Gen. 3:18].

98. Question 38 : Depuis combien de temps Enosch vécut-il après la naissance de Kénan ?

R : Huit cent quinze ans (Genèse 5:10) [Gen. 3:19].

99. Question 39 : Quel âge avait Enosch à sa mort ?

R : Neuf cent cinq ans (Genèse 5:11) [Gen. 3:19].

100. Question 40 : Depuis combien de temps Kénan vécut-il après la naissance de Mahalalel ?

R : Huit cent quarante ans (Genèse 5:13) [Gen. 3:20].

101. Question 41 : Quel âge avait Kénan à sa mort ?

R : Neuf cent dix ans (Genèse 5:14) [Gen. 3:20].

102. Question 42 : Depuis combien de temps Mahalalel vécut-il après la naissance de Jéred ?

R : Huit cent trente ans (Genèse 5:16) [Gen. 3:21].

103. Question 43 : Quel âge avait Mahalalel à sa mort ?

R : Huit cent quatre-vingt-quinze ans (Genèse 5:17) [Gen. 3:21].

104. Question 44 : Depuis combien de temps Jéred vécut-il après la naissance d'Hénoc ?

R : Huit cent ans (Genèse 5:19) [Gen. 3:22].

105. Question 45 : Quel âge avait Jéred à sa mort ?

R : Neuf cent soixante-deux ans (Genèse 5:20) [Gen. 3:24].

106. Question 46 : Depuis combien de temps Hénoc marcha-t-il avec Dieu après la naissance de Métuschélah ?

R : Trois cent ans (Genèse 5:22) [Gen. 4:23].

107. Question 47 : Quel âge avait Hénoc lorsqu'il fut traduit ?

R : Trois cent soixante-cinq ans (Genèse 5:23) [Gen. 4:23].

108. Question 48 : Depuis combien de temps Métuschélah vécut-il après la naissance de Lémec ?

R : Sept cent quatre-vingt-deux ans (Genèse 5:26) [Gen. 5:3].

109. Question 49 : Quel âge avait Métuschélah lorsqu'il mourut ?

R : Neuf cent soixante-neuf ans (Genèse 5:27) [Gen. 5:3].

110. Question 50 : Depuis combien de temps Lémec vécut-il après la naissance de Noé ?

R : Cinq cent quatre-vingt-quinze ans (Genèse 5:30) [Gen. 5:4].

111. Question 51 : Quel âge avait Lémec à sa mort ? R : Sept cent soixante-dix-sept ans (Genèse 5:31) [Gen. 5:3]. Pour le récit du dernier élément voir ¶40.

112. Question 52 : En quelle année du monde Adam mourut-il ?

R : Le neuf cent trentième.

113. Question 53 : Au cours de quelle année Hénoc fut-il traduit ?

R : Le neuf cent quatre-vingt-septième.

114. Question 54 : En quelle année Seth mourut-il ?

R : Le mille quarante-deuxième.

115. Question 55 : En quelle année Enosch mourut-il ?

R : Le onze cent quarantième.

116. Question 56 : En quelle année Kénan mourut-il ?

R : Le douze cent trente-cinquième.

117. Question 57 : En quelle année Mahalalel mourut-il ?

R : Le douze cent quatre-vingt-dixième.

118. Question 58 : En quelle année Jéred mourut-il ?

R : Le quatorze cent vingt-deuxième.

119. Question 59 : Au cours de quelle année Lémec est-il mort ?

R : Le seize cent cinquante-premier.

120. Question 60 : En quelle année Métuschélah mourut-il ?

R : Le seize cent cinquante-sixième. Pour ce récit, *voir* ¶41.

121. Question 61 : Quel âge avait Noé lorsque Enosch mourut ?

R : Quatre-vingt-quatre ans.

122. Question 62 : Quel âge lorsque Kénan mourut ?

R : Cent soixante-dix-neuf ans.

123. Question 63 : Quel âge lorsque Mahalalel mourut ?

R : Deux cent trente-quatre ans.

124. Question 64 : Quel âge lorsque Jéred mourut ?

R : Trois cent soixante-six ans.

125. Question 65 : Quel âge lorsque Lémec mourut ?

R : Cinq cent quatre-vingt-quinze ans.

126. Question 66 : Quel âge lorsque Métuschélah mourut ?

R : Six cent ans. Voir ¶42 pour le dernier élément.

127. Question 67 : Combien de ces hommes vécurent à l'époque de Noé ?

R : Six.

128. Question 68 : Comment s'appellent-ils ?

R : Seth, Enosch, Kénan, Mahalalel, Jéred, Métuschélah et Lémec. (¶43.)

129. Question 69 : Combien de ces hommes étaient contemporains avec Adam et aussi Noé ?

R : Six.

130. Question 70 : Comment s'appellent-ils ?

R : Enosch, Kénan, Mahalalel, Jéred, Métuschélah et Lémec. (¶43.)

131. Question 71 : Selon ce récit, comment la connaissance de l'existence de Dieu fut-elle suggérée pour la première fois à l'esprit des hommes ?

R : Par la manifestation faite à notre père Adam lorsqu'il était en présence de Dieu, avant et pendant qu'il fut en Eden. (¶44.)

132. Question 72 : Comment la connaissance de l'existence de Dieu fut-elle diffusée parmi les habitants du monde ?

R : Par la tradition de père en fils. (¶44.)

133. Question 73 : Quel âge avait Noé lorsque Sem naquit ?

R : Cinq cent deux ans (Genèse 5:32, 11:10) [Gen. 5:5, 6:7].

134. Question 74 : Quelle fut la durée des années de la naissance de Sem au Déluge ?

R : Quatre-vingt-dix-huit.

135. Question 75 : Quelle fut la durée des années que Noé vécut après le Déluge ?

R : Trois cent cinquante (Genèse 9:28) [Gen. 5:24].

136. Question 76 : Quel âge avait Noé quand il mourut ?

R : Neuf cent cinquante ans (Genèse 9:29) [Gen. 5:24].

137. Question 77 : Quel âge avait Sem à la naissance d'Arpacschad ?

R : Cent ans (Genèse 11:10) [Gen. 6:7].

138. Question 78 : Quel âge avait Arpacschad à la naissance de Schélach ?

R : Trente-cinq ans (Genèse 11:12) [Gen. 6:7].

139. Question 79 : Quel âge avait Schélach lorsqu'Héber naquit ?

R : Trente (Genèse 11:14) [Gen. 6:7].

140. Question 80 : Quel âge avait Héber lorsque Péleg naquit ?

R : Trente-quatre ans (Genèse 11:16) [Gen. 6:7].

141. Question 81 : Quel était l'âge de Péleg lorsque Rehu naquit ?

R : Trente ans (Genèse 11:18) [Gen. 6:7].

142. Question 82 : Quel était l'âge de Rehu lorsque Serug naquit ?

R : Trente-deux ans (Genèse 11:20) [Gen. 6:7].

143. Question 83 : Quel était l'âge de Serug lorsque Nachor naquit ?

R : Trente ans (Genèse 11:22) [Gen. 6:7].

144. Question 84 : Quel était l'âge de Nachor lorsque Térach naquit ?

R : Vingt-neuf ans (Genèse 11:24) [Gen. 6:7].

145. Question 85: Quel âge avait Térach lorsque Nachor (le frère d'Abraham) naquit ?

R : Soixante-dix ans (Genesis 11:26) [Gen. 6:7].

146. Question 86 : Quel âge avait Térach lorsqu'Abraham naquit ?

R : Certains supposent cent trente ans, et d'autres supposent soixante-dix (Genèse 11:26) [Gen. 6:7]. (¶46.)

147. Question 87 : Quel était le nombre d'années du Déluge jusqu'à la naissance d'Abraham ?

R : Supposant qu'Abraham soit né lorsque Térach avait cent trente ans, c'était trois cent cinquante-deux ans, mais s'il naquit lorsque Térach avait soixante-dix ans, c'était deux cent quatre-vingt-douze ans. (¶47.)

148. Question 88 : Depuis combien de temps Sem vécut-il après la naissance d'Arpacschad ?

R : Cinq cent ans (Genèse 11:11) [Gen. 6:7].

149. Question 89 : Quel âge avait Sem à sa mort ?

R : Six cent ans (Genèse 11:11) [Gen. 6:7].

150. Question 90 : Quel nombre d'années Arpacschad vécut-il après la naissance de Schélach ?

R : Quatre cent trois ans (Genèse 11:13) [Gen. 6:7].

151. Question 91 : Quel âge avait Arpacschad à sa mort ?

R : Quatre cent trente-huit ans.

152. Question 92 : Quel nombre d'années Schélach vécut-il après la naissance d'Héber ?

R : Quatre cent trois ans (Genèse 11:15) [Gen. 6:7].

153. Question 93 : Quel âge avait Schélach à sa mort ?

R : Quatre cent trente-trois ans.

154. Question 94 : Quel nombre d'années Héber vécut-il après la naissance de Péleg ?

R : Quatre cent trente ans (Genèse 11:17) [Gen. 6:7].

155. Question 95 : Quel âge avait Héber à sa mort ?

R : Quatre cent soixante-quatre ans.

156. Question 96 : Quel nombre d'années Péleg vécut-il après la naissance de Rehu ?

R : Deux cent neuf ans (Genèse 11:19) [Gen. 6:7].

157. Question 97 : Quel âge avait Péleg à sa mort ?

R : Deux cent trente-neuf ans.

158. Question 98 : Quel nombre d'années Rehu vécut-il après la naissance de Serug ?

R : Deux cent sept ans (Genèse 11:21) [Gen. 6:7].

159. Question 99 : Quel âge avait Rehu à sa mort ?

R : Deux cent trente-neuf ans.

160. Question 100 : Quel nombre d'années Serug vécut-il après la naissance de Nachor ?

R : Deux cent ans (Genèse 11:23) [Gen. 6:7].

161. Question 101 : Quel âge avait Serug à sa mort ?

R : Deux cent trente ans.

162. Question 102 : Quel nombre d'années Nachor vécut-il après la naissance de Térach ?

R : Cent dix-neuf ans (Genèse 11:25) [Gen. 6:7].

163. Question 103 : Quel âge avait Nachor à sa mort ?

R : Cent quarante-huit ans.

164. Question 104 : Quel nombre d'années Térach vécut-il après la naissance d'Abraham ?

R : Supposant que Térach ait eu cent trente ans à la naissance d'Abraham, il vécut soixante-quinze ans, mais si Abraham naquit lorsque Térach avait soixante-dix ans, il vécut cent trente-cinq ans.

165. Question 105 : Quel âge avait Térach à sa mort ?

R : Deux cent cinq ans (Genèse 11:32) [Gen. 6:8]. Pour ce récit de la naissance d'Arpacschad à la mort de Térach, voir ¶48.

166. Question 106 : En quelle année du monde Péleg mourut-il ?

R : Selon la chronologie qui précède, il mourut dans la dix-neuf cent quatre-vingt-dix-sixième année du monde.

167. Question 107 : En quelle année du monde Nachor mourut-il ?

R : Dans les dix-neuf cent quatre-vingt-dix-septièmes.

168. Question 108 : En quelle année du monde Noé mourut-il ?

R : Dans les deux mille et sixième.

169. Question 109 : En quelle année du monde Rehu mourut-il ?

R : Dans les deux mille vingt-sixièmes.

170. Question 110 : En quelle année du monde Serug mourut-il ?

R : Dans les deux mille quarante-neuvièmes.

171. Question 111 : En quelle année du monde Térach mourut-il ?

R : Dans les deux mille quatre-vingt-troisièmes.

172. Question 112 : En quelle année du monde Arpacschad mourut-il ?

R : Dans les deux mille et quatre-vingt-dix-sixièmes.

173. Question 113 : En quelle année du monde Schélach mourut-il ?

R : Dans les vingt cent vingt-sixièmes.

174. Question 114 : En quelle année du monde Abraham mourut-il ?

R : Dans les vingt cent quatre-vingt-troisièmes.

175. Question 115 : En quelle année du monde Héber mourut-il ?

R : Dans les vingt cent quatre-vingt-septièmes. Pour ce récit de l'année du monde où ces hommes moururent, voir ¶¶49-50.

176. Question 116 : Quel âge avait Nachor, le frère d'Abraham, lorsque Noé mourut ?

R : Cinquante-huit ans.

177. Question 117 : Quel âge avait Térach ?

R : Cent vingt-huit.

178. Question 118 : Quel âge avait Serug ?

R : Cent quatre-vingt-sept.

179. Question 119 : Quel âge avait Rehu ?

R : Deux cent dix-neuf.

180. Question 120 : Quel âge avait Héber ?

R : Deux cent quatre-vingt-trois.

181. Question 121 : Quel âge avait Schélach ?

R : Trois cent treize.

182. Question 122 : Quel âge avait Arpacschad ?

R : Trois cent quarante-huit.

183. Question 123 : Quel âge avait Sem ?

R : Quatre cent quarante-huit Pour le dernier compte, voir ¶51.

184. Question 124 : Quel âge avait Abraham lorsque Rehu mourut ?

R : Dix-huit ans, s'il naquit quand Térach avait cent trente ans.

185. Question 125 : Quel âge avait-t-il lorsque Serug et Nachor, le frère d'Abraham, moururent ?

R : Quarante et un ans.

186. Question 126 : Quel âge avait-t-il lorsque Térach mourut ?

R : Soixante-quinze ans.

187. Question 127 : Quel âge avait-t-il à la mort d'Arpacschad ?

R : Quatre-vingt-huit.

188. Question 128 : Quel âge avait-t-il lorsque Schélach mourut ?

R : Cent dix-huit ans.

189. Question 129 : Quel âge avait-t-il lorsque Sem mourut ?

R : Cent cinquante ans. Pour ceci, voir ¶52.

190. Question 130 : Combien de personnages remarqués vécurent de Noé à Abraham ?

R : Dix.

191. Question 131 : Comment s'appellent-t-ils ?

R : Sem, Arpacschad, Schélach, Héber, Péleg, Rehu, Serug, Nachor, Térach, et Nachor, le frère d'Abraham. (¶52.)

192. Question 132 : Combien d'entre eux étaient contemporains de Noé ?

R : L'ensemble.

193. Question 133 : Combien avec Abraham ?

R : Huit.

194. Question 134 : Comment s'appellent-t-ils ?

R : Nachor, le frère d'Abraham, Térach, Serug, Rehu, Héber, Schélach, Arpacschad, et Sem. (¶52.)

195. Question 135 : Combien étaient contemporains avec Noé et Abraham ?

R : Huit.

196. Question 136 : Comment s'appellent-ils ?

R : Sem, Arpacschad, Schélach, Héber, Rehu, Serug, Térach, et Nachor, le frère d'Abraham. (¶52.)

197. Question 137 : Est-ce qu'un de ces hommes mourut avant Noé ?

R : Oui.

198. Question 138 : Qui fut-il ?

R : Péleg, à l'époque où la terre fut divisée, et Nachor, le grand-père d'Abraham. (¶49.)

199. Question 139 : Est-ce qu'un d'entre eux vécut plus longtemps qu'Abraham ?

R : Il y en avait un. (¶50.)

200. Question 140 : Qui fut-il ?

R : Héber, le quatrième de Noé. (¶50.)

201. Question 141 : A l'époque de laquelle la terre fut divisée ?

R : A l'époque de Péleg.

202. Question 142 : Où se trouve le récit donné que la terre fut divisée à l'époque de Péleg ?

R : (Genèse 10: 25) [Gen. 6:4].

203. Question 143 : Répétez la phrase, s'il vous plait.

R : « Il naquit à Héber deux fils : le nom de l'un était Péleg, parce que de son temps la terre fut divisée. »

204. Question 144 : Quels témoignages les hommes ont-ils, en premier lieu, qu'il y a un Dieu ?

R : Le témoignage humain et seulement le témoignage humain. (¶56.)

205. Question 145 : Qu'est-ce qui déclencha les anciens saints à rechercher avec diligence une connaissance de la gloire de Dieu, ses perfections et ses attributs ?

R : La crédibilité qu'ils donnèrent au témoignage de leurs pères. (¶56.)

206. Question 146 : Comment les hommes obtiennent-ils une connaissance de la gloire de Dieu, de ses perfections et de ses attributs ?

R : En se consacrant à son service, par la prière et la supplication sans cesse, en renforçant leur foi en lui, jusqu'à ce qu'en tant qu'Hénoc, le frère de Jared, et Moïse, ils obtiennent une manifestation de Dieu pour eux-mêmes. (¶55.)

207. Question 147 : La connaissance de l'existence de Dieu est-elle une question de simple tradition, fondée sur le témoignage humain seul, jusqu'à ce qu'une personne reçoive une manifestation de Dieu pour elle-même ?

R : Il l'est.

208. Question 148 : Comment le prouver ?

R : De l'ensemble des première et deuxième leçons.

[Voir Appendice : Chronologie des Péres]

LEÇON TROISIÈME

de la Foi

1. Dans le deuxième leçon, il fut montré comment la connaissance de l'existence de Dieu arriva dans le monde et comment les premières pensées furent suggérées aux esprits des hommes qu'un tel être existait avec certitude. Et que c'était grâce à la connaissance de son existence qu'il y avait une fondation posée pour l'exercice de la foi en lui comme le seul être en qui la foi pouvait être centrée pour la vie et le salut. Car la foi ne pouvait pas se centrer sur un être dont nous n'avions aucune idée, car l'idée de son existence en premier lieu est essentielle à l'exercice de la foi en lui. Romains 10:14 [Rom. 1:49] : « Comment donc invoqueront-ils celui en qui ils ne crurent pas ? Et comment croiront-ils en celui dont ils n'ont pas entendu parler ? Et comment entendront-ils s'il n'y a personne qui prêche (ou un envoyé pour leur dire) ? Alors la foi vient en entendant la parole de Dieu » (Nouvelle traduction).

2. Observons ici que trois choses sont nécessaires pour que tout être rationnel et intelligent puisse exercer sa foi en Dieu pour la vie et le salut

3. Premièrement, l'idée qu'il existe réellement.

4. Deuxièmement, une idée *correcte* de sa personnalité, de ses perfections et de ses attributs.

5. Troisièmement, une connaissance sûre qu'il poursuit la course de sa vie selon sa volonté. Car sans connaissance de ces trois faits importants, la foi de tout être rationnel doit être imparfaite et improductive, mais avec cette compréhension, elle peut devenir parfaite et féconde, abondante de justice à la louange et à la gloire de Dieu le Père et du Seigneur Jésus-Christ.

6. Nous étant familiarisés avec la façon dont l'idée de son existence arriva dans le monde, ainsi que du fait de son existence, nous allons procéder à l'examen de sa personnalité, de ses perfections et de ses

attributs, pour que les membres de cette classe puissent voir non seulement les justes motifs qu'ils ont pour exercer leur foi en lui pour la vie et le salut, mais aussi les raisons pour lesquelles le monde entier, en ce qui concerne l'idée de son existence, puissent avoir à exercer sa foi en lui, le Père de tous les vivants.

7. De même que nous sommes redevables à une révélation que Dieu fit de lui-même à ses créatures, en premier lieu, pour l'idée de son existence, de même nous sommes redevables aux révélations qu'il nous donna pour une compréhension correcte de sa personnalité, de ses perfections et de ses attributs, parce que sans les révélations qu'il nous donna, aucun homme en cherchant ne pourrait découvrir Dieu. Job 11:7-9 [Job 5:2]. 1 Corinthiens 2:9-11 [1 Cor. 1:8] : « Mais, comme il est écrit : l'œil n'a point vues, ni l'oreille n'a point entendu, ni ne sont point montées au cœur de l'homme, les choses que Dieu a préparées pour ceux qui l'aiment, mais Dieu nous les a révélées par son esprit: car l'esprit sonde tout, oui, même les choses profondes de Dieu. Car lequel des hommes connaissent les choses de l'homme, si ce n'est l'esprit de l'homme qui est en lui? De même, personne ne connaît les choses de Dieu, si ce n'est par l'esprit de Dieu. »

8. Cela dit, nous examinons la personnalité que les révélations ont donnée à Dieu.

9. Moïse nous donne le récit suivant dans Exode 34:6 [Ex. 18:6] : « Et le Seigneur passa devant lui et proclama : Le Seigneur, le Seigneur Dieu, miséricordieux et compatissant, longanime et abondant en bonté et en vérité. » Psaumes 103:6-8 [Ps.103:1] : « Le Seigneur exécute la justice et le jugement pour tous ceux qui sont opprimés. Il a fait connaître ses voies à Moïse, ses actes aux enfants d'Israël. Le Seigneur est miséricordieux et compatissant, lent à la colère et généreux en miséricorde. » Psaumes 103:17, 18 [Ps. 103:2] : « Mais la miséricorde du Seigneur est d'éternité en éternité pour ceux qui le craignent, et sa justice pour les enfants des enfants, pour ceux qui gardent son alliance et pour ceux qui se

souviennent de ses commandements de les accomplir. » Psaumes 90:2 [Ps. 90:1] : « Avant que les montagnes fussent nées, et que tu eusses créé la terre et le monde, même d'éternité en éternité tu es Dieu. » Hébreux 1:10-12 [Héb. 1:2] : « Et toi, Seigneur, tu as posé au commencement les fondements de la terre, et les cieux sont les œuvres de tes mains : ils périront, mais toi, tu subsisteras; ils vieilliront comme un vêtement, et tu les rouleras comme une robe, et ils seront changés, mais toi, tu restes le même, et tes années ne manqueront pas. » Jacques 1:17 [Epître de Jacob 1:5] : « Tout bon don et tout don parfait viennent d'en haut et descendent du Père des lumières, chez lequel il n'y a ni variation, ni ombre de changement. » Malachie 3:6 [Mal. 1:6] : « Car je suis le Seigneur, je ne change pas; c'est pourquoi, vous, fils de Jacob, vous n'êtes pas consumés. »

10. Livre des Commandements, chap. 2e, commençant à la troisième ligne du premier paragraphe [JS,H 10:2] : « Car Dieu ne marche pas dans des sentiers tortueux, il ne tourne ni à droite ni à gauche, et il ne dévie pas de ce qu'il a dit, donc ses sentiers sont droits et sa route est une ronde éternelle. » Livre des Commandements, chap. 37 [E&C 18:1] : « Ecoutez la voix du Seigneur votre Dieu, même Alpha et Oméga, le commencement et la fin, dont la course est une ronde éternelle, le même aujourd'hui qu'hier et à jamais. »

11. Nombres 23:19 [Num. 10:24] : « Dieu n'est point un homme pour mentir, ni fils d'un homme pour se repentir. » 1 Jean 4:8 [1 Jean 1:19] : « Celui qui n'aime pas ne connait pas Dieu, car Dieu est amour. » Actes 10:34 [Actes 6:7] : « Alors Pierre ouvrit la bouche et dit : En vérité, je sais que Dieu ne fait point acception de personnes, mais que, dans toute nation, celui qui craint Dieu et qui pratique la justice est accepté avec lui. »

12. D'après ces témoignages, nous apprenons ce qui suit sur la personnalité de Dieu :

13. Premièrement, qu'il était Dieu avant la création du monde, et le même Dieu qu'il était après sa création.

14. Deuxièmement, qu'il est miséricordieux et compatissant, lent à la colère, riche en bonté, et qu'il en fut de toute éternité et le sera à jamais.

15. Troisièmement, qu'il ne change pas, il n'y rien de changeant en lui, mais qu'il est le même d'éternité en éternité, étant le même hier, aujourd'hui et à jamais; et que sa course est une ronde éternelle, sans changement.

16. Quatrièmement, qu'il est un Dieu de vérité et ne peut mentir.

17. Cinquièmement, qu'il ne fait point acception de personnes, mais qu'en toute nation, celui qui craint Dieu et agit en droiture est accepté de lui.

18. Sixièmement, qu'il est amour.

19. Une connaissance de ces attributs de la personnalité divine est absolument nécessaire pour que la foi de tout être rationnel puisse se concentrer en lui pour la vie et le salut. Car s'il ne le croyait pas en premier lieu Dieu, c'est-à-dire le créateur et le souteneur de toutes choses, il ne pourrait pas centrer sa foi en lui pour la vie et le salut, de peur qu'il n'y ait un plus grand que celui qui le ferait, déjouer tous ses plans, et lui, comme les dieux des païens, serait incapable de tenir ses promesses. Mais voyant qu'il est Dieu sur tous, d'éternité en éternité, le créateur et le souteneur de toutes choses, une telle crainte ne peut exister dans l'esprit de ceux qui lui font confiance, de sorte que, à cet égard, leur foi peut être sans vaciller.

20. Mais deuxièmement : à moins qu'il ne soit miséricordieux et compatissant, lent à la colère, longanime et plein de bonté, telle est la faiblesse de la nature humaine et si grandes les fragilités et les imperfections des hommes qu'à moins de croire que ces excellences existèrent dans la personnalité divine, la foi nécessaire au salut ne pouvait exister. Car le doute prendrait la place de la foi, et ceux qui connaissent leur faiblesse et leur disposition à pécher seraient dans le doute constant du salut, si ce n'était de l'idée qu'ils se font de l'excellence de la personnalité

de Dieu : qu'il est lent à la colère, ayant la longanimité, et d'une disposition de pardonner, et pardonne l'iniquité, la transgression et le péché. Une idée de ces faits dissipe le doute et rend la foi extrêmement forte.

21. Mais il est tout aussi nécessaire que les hommes aient l'idée qu'il est un Dieu qui ne change pas pour avoir foi en lui, comme c'est l'idée qu'il est gracieux et patient. Car sans l'idée de l'invariabilité de la personnalité de la Divinité, le doute prendrait la place de la foi. Mais avec l'idée qu'il ne change pas, la foi s'attache aux excellences de sa personnalité avec une confiance inébranlable, croyant qu'il est le même hier, aujourd'hui et à jamais, et que sa course est une ronde éternelle.

22. Et encore, l'idée qu'il est un Dieu de vérité et ne peut pas mentir est tout aussi nécessaire à l'exercice de la foi en lui que l'idée de son invariabilité. Car sans l'idée qu'il était un Dieu de vérité et ne pouvait pas mentir, la confiance nécessaire pour être placé dans sa parole afin d'exercer sa foi en lui ne pouvait exister. Mais ayant l'idée qu'il n'est pas homme qu'il peut mentir, cela donne le pouvoir aux esprits des hommes d'exercer leur foi en lui.

23. Mais il faut aussi que les hommes aient une idée qu'il ne fait point acception de personnes, car avec l'idée de toutes les autres excellences de sa personnalité, sans celui-ci les hommes ne pouvaient pas exercer leur foi en lui ; car s'il faisait acception de personnes, ils ne pourraient pas décider quels étaient leurs privilèges, ni jusqu'à quel point ils étaient autorisés d'exercer leur foi en lui, ni s'ils étaient autorisés à le faire du tout ; mais tout doit être confusion. Mais aussitôt que les esprits des hommes sont familiarisés avec la vérité sur ce point – qu'il ne fait point acception de personnes – qu'ils voient qu'ils ont le pouvoir par la foi de s'emparer de la vie éternelle, la plus riche aubaine du ciel, parce que Dieu ne fait point acception de personnes et que chaque homme dans chaque nation a un privilège égal.

24. Et enfin, mais non moins important pour l'exercice de la foi en Dieu, est l'idée qu'il est amour, car avec toutes les autres excellences de sa personnalité, sans que celui-ci les influence, ils ne pourraient pas avoir une domination aussi puissante sur les esprits des hommes. Mais quand l'idée est semée dans l'esprit qu'il est amour, qui ne peut pas voir le juste motif que les hommes de chaque nation, famille et langue doivent exercer la foi en Dieu pour obtenir la vie éternelle ?

25. D'après la description ci-dessus de la personnalité de la Divinité qui lui est donnée dans les révélations aux hommes, il y a une fondation sûre pour l'exercice de la foi en lui parmi tous les peuples, nations et familles, d'âge en âge et de génération en génération.

26. Observons ici que ce qui précède est la personnalité qui est donnée de Dieu dans ses révélations aux saints des anciens jours, et c'est aussi la personnalité qui est donnée de lui dans ses révélations aux saints des derniers jours, de sorte que les saints des anciens jours et ceux des derniers jours se ressemblent à cet égard ; « les saints des derniers jours » ayant autant de raisons d'exercer la foi en Dieu que les saints des anciens jours avaient parce que la même personnalité est donné de lui aux deux.

Questions et réponses sur les principes précédents

27. Question 1 : Qu'est-ce qui fut montré dans la deuxième leçon ?
Réponse : Il fut montré comment la connaissance de l'existence de Dieu arriva dans le monde. (¶1.)

28. Question 2 : Quel est l'effet de l'idée de son existence chez les hommes ?
R : Cela pose la fondation de l'exercice de la foi en lui. (¶1.)

29. Question 3 : L'idée de son existence, en premier lieu, est-elle nécessaire pour exercer la foi en lui ?
R : Oui. (¶1.)

30. Question 4 : Comment le prouver ?
R : Romains 10:14 [Rom. 1:49]. (¶1.)

31. Question 5 : Combien de choses devons-nous comprendre, en respectant la Divinité et notre relation avec lui, afin que nous puissions exercer la foi en lui pour la vie et le salut ?

R : Trois. (¶2.)

32. Question 6 : Quels sont-ils ?

R : Premièrement, que Dieu existe réellement. Deuxièmement, les idées correctes sur sa personnalité, ses perfections et ses attributs. Et troisièmement, que la course que nous suivons est selon son esprit et sa volonté. (¶¶3-5.)

33. Question 7 : L'idée d'une ou deux des choses susmentionnées permettrait-elle à une personne d'exercer la foi en Dieu ?

R : Ce ne serait pas le cas, car sans l'idée de toutes ces choses, la foi serait imparfaite et improductive. (¶5.)

34. Question 8 : Une idée de ces trois choses poserait-elle une fondation sûre pour l'exercice de la foi en Dieu afin d'obtenir la vie et le salut ?

R : Ce serait, car par l'idée de ces trois choses, la foi pourrait devenir parfaite et féconde, abondante en justice à la louange et à la gloire de Dieu. (¶5.)

35. Question 9 : Comment nous familiariser avec les choses susmentionnées concernant la Divinité et nous-mêmes ?

R : Par révélation. (¶6.)

36. Question 10 : Ces choses pourraient-elles être découvertes par d'autres moyens que par la révélation ?

R : Ils ne pouvaient pas.

37. Question 11 : Comment le prouver ?

R : Par les Ecritures : Job 11:7-9 [Job. 5:2], 1 Corinthiens 2:9-11 [1 Cor. 1:8]. (¶7.)

38. Question 12 : Quelles choses apprenons-nous dans les révélations de Dieu concernant sa personnalité ?

R : Nous apprenons les six choses suivantes : Premièrement, qu'il était Dieu avant la création du monde et le même Dieu qu'il était après sa création. Deuxièmement, qu'il est miséricordieux et compatissant, lent à la colère, abondant en bonté, et qu'il l'était de toute éternité, et le sera à jamais. Troisièmement, qu'il ne change pas, qu'il n'y a pas non plus de variabilité avec lui, et que sa course est une ronde éternelle. Quatrièmement, qu'il est un Dieu de vérité et ne peut pas mentir. Cinquièmement, qu'il ne fait point acception de personnes. Et sixièmement, qu'il est amour. (¶¶12-18.)

39. Question 13 : Où trouve-t-on les révélations qui nous donnent cette idée de la personnalité de la Divinité ?

R : Dans la Bible et le Livre des Commandements, et ils sont cités dans la troisième leçon. (¶¶9-11.)

40. Question 14 : Quel effet cela aurait-il sur tout être rationnel de ne pas avoir une idée que le Seigneur était Dieu, le créateur et le souteneur de toutes choses ?

R : Cela l'empêcherait d'exercer la foi en lui pour la vie et le salut.

41. Question 15 : Pourquoi l'empêcherait-il d'exercer la foi en Dieu ?

R : Parce qu'il serait comme le païen, ne sachant pas s'il pourrait y avoir un être plus grand et plus puissant que lui, et ainsi il pourrait être empêché de tenir ses promesses. (¶19.)

42. Question 16 : Cette idée empêche-t-elle ce doute ?

R : C'est le cas, car les personnes ayant cette idée peuvent ainsi exercer leur foi sans aucun doute. (¶19.)

43. Question 17 : N'est-il pas également nécessaire d'avoir l'idée que Dieu est miséricordieux et compatissant, patient et plein de bonté ?

R : Oui. (¶20.)

44. Question 18 : Pourquoi est-ce nécessaire ?

R : A cause de la faiblesse et des imperfections de la nature humaine et des grandes fragilités de l'homme ; car telle est la faiblesse de l'homme, et ses faiblesses sont telles qu'il est susceptible de pécher continuellement, et si

Dieu n'était pas longanime et plein de compassion, compatissant et miséricordieux, et d'une disposition de pardonner, l'homme serait coupé de devant lui, en conséquence de quoi il serait dans un doute continuel et ne pourrait pas exercer la foi : car où se trouve le doute, la foi n'a aucun pouvoir. Mais en croyant que Dieu est plein de compassion et de pardon, longanime et lent à la colère, il peut exercer sa foi en lui et surmonter le doute afin d'être extrêmement fort. (¶20.)

45. Question 19 : N'est-il pas tout aussi nécessaire que l'homme ait une idée que Dieu ne change pas, qu'il n'y a pas non plus de variabilité avec lui, afin d'exercer la foi en lui pour la vie et le salut ?

R : C'est parce que sans cela, il ne saurait pas quand la miséricorde de Dieu pourrait se transformer en cruauté, sa patience en témérité, son amour en haine, et en conséquence de laquelle doute l'homme serait incapable d'exercer la foi en lui. Mais ayant l'idée qu'il est invariable, l'homme peut avoir foi en lui continuellement, croyant que ce qu'il était hier, il est aujourd'hui et sera à jamais. (¶21.)

46. Question 20 : N'est-il pas nécessaire aussi que les hommes aient une idée que Dieu est un être de vérité, avant de pouvoir avoir une foi parfaite en lui ?

R : Il est, car à moins que les hommes n'aient cette idée, ils ne peuvent pas avoir confiance en sa parole, et ne pouvant pas avoir confiance en sa parole, ils ne peuvent pas avoir confiance en lui. Mais croyant qu'il est un Dieu de vérité et que sa parole ne peut défaillir, leur foi peut reposer en lui sans aucun doute. (¶22.)

47. Question 21 : L'homme pouvait-il exercer la foi en Dieu de manière à obtenir la vie éternelle s'il ne croyait pas que Dieu ne faisait point acception de personnes ?

R : Il ne pouvait pas, car sans cette idée, il ne pouvait certainement pas savoir que c'était son privilège de le faire, et en conséquence de ce doute, sa foi ne pouvait pas être suffisamment forte pour le sauver. (¶23.)

48. Question 22 : Serait-il possible pour un homme d'exercer la foi en Dieu afin d'être sauvé à moins qu'il ait une idée que Dieu était amour ?

R : Il ne pouvait pas, parce que l'homme ne pouvait pas aimer Dieu à moins d'avoir une idée que Dieu était amour, et s'il n'aimait pas Dieu, il ne pourrait pas avoir foi en lui. (¶24.)

49. Question 23 : De quoi la description que donnent les écrivains sacrés de la personnalité de la Divinité est-elle calculée à accomplir ?

R : Il est calculé de poser la fondation pour l'exercice de la foi en lui, dans la mesure où la connaissance s'étend à tous les peuples, langues, langages, familles et nations, et cela d'âge en âge et de génération en génération. (¶25.)

50. Question 24 : La personnalité que Dieu se donna de lui-même est-il uniforme ?

R : Il est, dans toutes ses révélations, que ce soit aux saints des anciens jours ou aux saints des derniers jours, afin qu'ils aient tous le pouvoir d'exercer la foi en lui et de s'attendre par l'exercice de leur foi à jouir des mêmes bénédictions. (¶26.)

LEÇON QUATRIÈME

de la Foi

1. Ayant montré dans la troisième leçon que des idées correctes de la personnalité de Dieu sont nécessaires à l'exercice de la foi en lui pour la vie et le salut, et que sans des idées correctes de sa personnalité l'esprit de l'homme ne pourrait pas avoir un pouvoir suffisant avec Dieu à l'exercice de la foi nécessaire à la jouissance de la vie éternelle, et que les idées correctes de sa personnalité posent une fondation, en ce qui le concerne, de l'exercice de la foi afin de jouir la plénitude de la bénédiction de l'évangile de Jésus-Christ, même celui de la gloire éternelle, nous allons maintenant montrer le lien qui existe entre les idées correctes des attributs de Dieu et l'exercice de la foi en lui pour la vie éternelle.

2. Observons ici que le but réel que le Dieu du ciel avait en vue de familiariser la famille humaine avec ses attributs était qu'elle soit capable, grâce aux idées de l'existence de ses attributs, d'exercer la foi en lui et par l'exercice de la foi en lui pourrait obtenir la vie éternelle. Car sans l'idée de l'existence des attributs qui appartiennent à Dieu, l'esprit de l'homme ne pourrait pas avoir le pouvoir d'exercer la foi en lui pour saisir la vie éternelle. Le Dieu du ciel, comprenant parfaitement la constitution de la nature humaine et la faiblesse de l'homme, savait ce qui devait être révélé et quelles idées devaient être semées dans l'esprit afin de pouvoir exercer la foi en lui pour la vie éternelle.

3. Ceci étant dit, nous allons examiner les attributs de Dieu tels qu'ils sont décrits dans ses révélations à la famille humaine et allons montrer combien les idées correctes de ses attributs sont nécessaires pour permettre aux hommes d'exercer leur foi en lui. Car sans que ces idées soient implantées dans l'esprit de l'homme, il serait hors du pouvoir de toute personne ou personnes d'exercer la foi en Dieu afin d'obtenir la vie éternelle. De sorte que les communications divines faites à l'homme en

premier lieu étaient destinées à établir dans son esprit les idées nécessaires pour lui permettre d'exercer la foi en Dieu et, par ce moyen, de participer à sa gloire.

4. Nous avons, dans les révélations qu'il donna à la famille humaine, le récit suivant de ses attributs :

5. Premièrement, la connaissance. Actes 15:18 [Actes 9:8] : « Toutes ses œuvres sont connues de Dieu depuis le commencement du monde. » Esaïe 46:9,10 [Esaïe 15:21] : « Souvenez-vous de ce qui s'est passé dès les temps anciens, car je suis Dieu et il n'y en a point d'autre; je suis Dieu, et nul autre n'est semblable à moi, annonçant la fin dès le commencement et dès les temps anciens ce qui n'est pas encore accompli, disant : Mon conseil subsistera, et j'exécuterais toute mon plaisir. »

6. Deuxièmement, la foi, ou le pouvoir. Hébreux 11:3 [Héb. 1:36] : « Par la foi nous comprenons que le monde a été formé par la parole de Dieu. » Genèse 1:1 [Gen. 2:2] : « Au commencement, Dieu créa les cieux et la terre. » Esaïe 14:24, 27 [Esaïe 6:7]: « Le Seigneur des armées a juré, en disant : Ce que j'ai pensé, cela arrivera, et ce que j'ai résolu, cela subsistera. Car le Seigneur des armées a pris cette résolution : qui s'y opposera ? Sa main est étendue, et qui la détournera ? »

7. Troisièmement, la justice. Psaumes 89:14 [Ps. 89:3] : « La justice et le jugement sont la base de ton trône. » Esaïe 45:21 [Esaïe 15:19] : « Déclarez-le, faites-les venir, qu'ils prennent conseil les uns des autres: qui a prédit ceci depuis les temps anciens ? N'est-ce pas moi, le Seigneur ? Et il n'y a point d'autre Dieu que moi, un Dieu juste et un Sauveur. » Sophonie 3:5 [Soph. 1:10] : « Le Seigneur juste est au milieu d'elle. » Zacharie 9:9 [Zac. 1:26] : « Sois transportée d'allégresse, ô fille de Sion, pousse des cris, ô fille de Jérusalem: voici, que ton roi vient à toi ; il est juste et il a le salut. »

8. Quatrièmement, le jugement. Psaumes 89:14 [Ps. 89:3]: « La justice et le jugement sont la base de ton trône. » Deutéronome 32:4 [Deut. 9:14] : « Il est le Rocher, son œuvre est parfaite ; car toutes ses voies

sont jugement : un Dieu de vérité et sans iniquité, il est juste et droit. » Psaumes 9:7 [Ps. 9:2]: « Mais le Seigneur endurera à jamais : il a dressé son trône pour le jugement. » Psaumes 9:16 [Ps. 9:4]: « Le Seigneur est connu par le jugement qu'il exécute… »

9. Cinquièmement, la miséricorde. Psaumes 89:15 [Ps. 89:3] : « La miséricorde et la vérité passeront devant sa face. » Exode 34: 6 [Ex. 18:6] : « Et le Seigneur passa devant lui et proclama : Le Seigneur, le Seigneur Dieu, miséricordieux et compatissant. » Néhémie 9:17 [Néh. 2:36] : « Mais tu es un Dieu prêt à pardonner, compatissant et miséricordieux. »

10. Et sixièmement, la vérité. Psaumes 89:14 [Ps. 89:3] : « La miséricorde et la vérité passeront devant sa face. » Exode 34: 6 [Ex. 18:6] : « Longanime et abondant en bonté et en vérité. » Deutéronome 32:4 [Deut. 9:14] : « Il est le Rocher, ses œuvres sont parfaites ; car toutes ses voies sont justes : c'est un Dieu fidèle et sans iniquité, il est juste et droit » Psaumes 31:5 [Ps. 31:1] : « Je remets mon esprit entre tes mains : tu m'as racheté, ô Seigneur Dieu de vérité. »

11. En réfléchissant un peu, on verra que l'idée de l'existence de ces attributs dans la Divinité est nécessaire pour permettre à tout être rationnel d'exercer sa foi en lui. Car sans l'idée de l'existence de ces attributs dans la Divinité, les hommes ne pourraient pas exercer leur foi en lui pour la vie et le salut, étant donné que sans la connaissance de toutes choses, Dieu ne pourrait sauver aucune partie de ses créatures. Car c'est grâce à la connaissance qu'il a de toutes choses, du commencement jusqu'à la fin, qui lui permet de donner cette compréhension à ses créatures, par laquelle elles partagent avec lui la vie éternelle ; et s'il n'y avait pas l'idée existant dans l'esprit de l'homme que Dieu avait toute connaissance, il lui serait impossible d'exercer sa foi en lui.

12. Et il n'est pas moins nécessaire que les hommes aient l'idée de l'existence de l'attribut pouvoir dans la Divinité. Car à moins que Dieu n'ait le pouvoir sur toutes choses et soit capable, par son pouvoir, de contrôler toutes choses et ainsi de délivrer ses créatures qui lui font

confiance du pouvoir de tous les êtres qui pourraient rechercher leur destruction, que ce soit au ciel, sur la terre, ou en enfer, les hommes ne pouvaient pas être sauvés. Mais avec l'idée de l'existence de cet attribut implanté dans l'esprit, les hommes ont l'impression de n'avoir rien à craindre, qui mettent leur confiance en Dieu, croyant qu'il a le pouvoir de sauver tous ceux qui viennent à lui au maximum.

13. Il est également nécessaire, pour l'exercice de la foi en Dieu pour la vie et le salut, que les hommes aient l'idée de l'existence de l'attribut justice en lui. Car sans l'idée de l'existence de l'attribut justice dans la Divinité, les hommes ne pourraient pas avoir suffisamment confiance pour se placer sous sa direction et ses conseils, car ils seraient remplis de peur et de doute, de peur que le juge de toute la terre ne le fasse pas bien ; et ainsi la peur, ou le doute, existant dans l'esprit, empêcherait la possibilité d'exercer la foi en lui pour la vie et le salut. Mais lorsque l'idée de l'existence de l'attribut justice dans la Divinité est assez bien implantée dans l'esprit, elle ne laisse aucune place au doute pour pénétrer dans le cœur, et l'esprit est capable de s'appuyer sur le Tout-Puissant sans crainte et sans doute et avec une confiance inébranlable, croyant que le juge de toute la terre fera le bien.

14. Il est aussi d'égale importance que les hommes aient l'idée de l'existence de l'attribut jugement en Dieu afin qu'ils puissent exercer leur foi en lui pour la vie et le salut, car sans l'idée de l'existence de cet attribut dans la Divinité, il serait impossible aux hommes d'exercer leur foi en lui pour la vie et le salut, étant donné que c'est par l'exercice de cet attribut que les fidèles en Jésus-Christ sont délivrés des mains de ceux qui recherchent leur destruction. Car si Dieu ne se montrait pas en jugement rapide contre les ouvriers de l'iniquité et les pouvoirs des ténèbres, ses saints ne pourraient pas être sauvés, car c'est par le jugement que le Seigneur délivre ses saints des mains de tous leurs ennemis et de ceux qui rejettent l'Evangile de notre Seigneur Jésus-Christ. Mais à peine l'idée de l'existence de cet attribut est-elle implantée dans l'esprit des hommes

qu'elle donne à l'esprit le pouvoir d'exercer la foi et la confiance en Dieu et que la foi leur permet de saisir les promesses qui sont mises devant eux et passer par toutes les tribulations et les afflictions auxquelles ils sont soumis qui viennent de la persécution de ceux qui ne connaissent pas Dieu et n'obéissent pas à l'Evangile de notre Seigneur Jésus-Christ ; croyant qu'en temps voulu le Seigneur sortira en jugement rapide contre leurs ennemis, et ils seront retranchés devant lui, et qu'en son propre temps il les emportera conquérants et plus que conquérants en toutes choses.

15. De plus, il est aussi important que les hommes aient l'idée de l'existence de l'attribut miséricorde dans la Divinité afin d'exercer la foi en lui pour la vie et le salut. Car sans l'idée de l'existence de cet attribut dans la Divinité, les esprits des saints s'évanouiraient au milieu des tribulations, des afflictions et des persécutions qu'ils doivent endurer pour la justice. Mais lorsque l'idée de l'existence de cet attribut est établie dans l'esprit, elle donne la vie et l'énergie aux esprits des saints, croyant que la miséricorde de Dieu sera déversée sur eux au milieu de leurs afflictions, et qu'il aura compassion d'eux dans leurs souffrances, et que la miséricorde de Dieu les entourera et réconfortera des bras de son amour afin qu'ils reçoivent une récompense pleine pour toutes leurs souffrances.

16. Et enfin, mais non moins important pour l'exercice de la foi en Dieu, est l'idée de l'existence de l'attribut vérité en lui. Car sans l'idée de l'existence de cet attribut, l'esprit de l'homme ne saurait où appuyer sa foi avec certitude ; il n'y aurait que confusion et doute. Mais avec l'idée de l'existence de cet attribut dans la Divinité dans l'esprit, tous les enseignements, instructions, promesses et bénédictions deviennent des réalités, et l'esprit est en mesure de les saisir avec certitude et confiance, croyant que ces choses et tout ce que le Seigneur a dit sera accompli en leur temps, et que toutes les malédictions, les dénonciations et les jugements prononcés sur les têtes des injustes seront également exécutés en temps voulu par le Seigneur. Et grâce à la vérité et à la véracité de lui, l'esprit voit sa délivrance et son salut comme certains.

17. Que l'esprit réfléchisse une fois sincèrement et franchement aux idées de l'existence des attributs susmentionnés dans la Divinité et on verra que, en ce qui concerne ses attributs, il y a une base sûre pour l'exercice de la foi en lui pour la vie et le salut. Car dans la mesure où Dieu possède l'attribut connaissance, il peut faire connaître à ses saints toutes choses nécessaires à leur salut. Et comme il possède l'attribut pouvoir, il est ainsi en mesure de les délivrer du pouvoir de tous les ennemis. Et voyant aussi que la justice est un attribut de la Divinité, il traitera avec eux selon les principes de justice et d'équité, et une juste récompense leur sera accordée pour toutes leurs afflictions et souffrances pour la vérité. Et comme le jugement est aussi un attribut de la Divinité, ses saints peuvent avoir la confiance la plus inébranlable qu'ils obtiendront, en temps voulu, une parfaite délivrance des mains de tous leurs ennemis et une victoire complète sur tous ceux qui recherchèrent leur mal et leur destruction. Et comme la miséricorde est également un attribut de la Divinité, ses saints peuvent avoir confiance qu'elle sera exercée envers eux, et par l'exercice de cet attribut envers eux, le confort et la consolation leur seront administrés en abondance au milieu de toutes leurs afflictions et tribulations. Et enfin, réalisant que la vérité est un attribut de la Divinité, l'esprit est conduit à se réjouir, au milieu de toutes ses épreuves et tentations, dans l'espérance de cette gloire qui doit être apportée à la révélation de Jésus-Christ, et en vue de cette couronne qui doit être placé sur la tête des saints au jour où le Seigneur leur distribuera des récompenses, et en perspective de ce poids éternel de gloire que le Seigneur a promis de leur accorder quand il les amènera au milieu de son trône pour demeurer éternellement en sa présence.

18. Alors, au regard de l'existence de ces attributs, la foi des saints peut devenir extrêmement forte, abondante de justice à la louange et à la gloire de Dieu, et peut exercer son influence puissante dans la recherche de la sagesse et de la compréhension jusqu'à ce qu'elle ait obtenu une connaissance de tout ce qui concerne la vie et le salut.

19. Ainsi donc, le fondement qui est posé par la révélation des attributs de Dieu pour l'exercice de la foi en lui pour la vie et le salut, et vu que ce sont des attributs de la Divinité, ils sont invariables – étant les mêmes hier, aujourd'hui, et à jamais – ce qui donne aux esprits des saints des derniers jours le même pouvoir et la même autorité pour exercer la foi en Dieu que les saints des anciens jours, de sorte que tous les saints, à cet égard, furent, sont et seront jusqu'à la fin des temps, car Dieu ne change jamais, donc ses attributs et sa personnalité restent toujours les mêmes. Et comme c'est par la révélation de ceux-ci qu'une fondation est posée pour l'exercice de la foi en Dieu à la vie et au salut, la fondation, par conséquent, pour l'exercice de la foi était, est et sera toujours la même, de sorte que tous les hommes ont eu et auront un privilège égal.

Questions et réponses sur les principes précédents

20. Question 1 : Qu'est-ce qui fut montré lors de la troisième leçon ? Réponse : Il fut démontré que des idées correctes sur la personnalité de Dieu sont nécessaires pour exercer la foi en lui pour la vie et le salut, et que sans des idées correctes sur sa personnalité, les hommes ne pourraient pas avoir le pouvoir d'exercer la foi en lui pour la vie et le salut, mais que les idées correctes de sa personnalité, en ce qui concerne sa personnalité dans l'exercice de la foi en lui, posent des bases sûres pour son exercice. (¶1.)

21. Question 2 : Quel objet avait le Dieu du ciel en révélant ses attributs aux hommes ?
R : Que grâce à une connaissance de ses attributs, ils puissent être en mesure d'exercer leur foi en lui afin d'obtenir la vie éternelle. (¶2.)

22. Question 3 : Les hommes pourraient-ils exercer leur foi en Dieu sans connaître ses attributs afin de pouvoir saisir la vie éternelle ?
R : Ils ne pouvaient pas. (¶¶2,3.)

23. Question 4 : Quel compte est donné des attributs de Dieu dans ses révélations ?

R : Premièrement, la connaissance, deuxièmement, la foi ou le pouvoir, troisièmement, la justice, quatrièmement, le jugement, cinquièmement, la miséricorde et sixièmement la vérité. (¶¶4-10.)

24. Question 5 : Où trouver les révélations qui donnent cette relation des attributs de Dieu ?

R : Dans l'Ancien et le Nouveau Testament, et ils sont cités dans la quatrième leçon, les cinquième, sixième, septième, huitième, neuvième et dixième paragraphes.*

25. Question 6 : L'idée de l'existence de ces attributs dans la Divinité est-elle nécessaire pour permettre à tout être rationnel d'exercer sa foi en lui pour la vie et le salut ?

R : Oui.

26. Question 7 : Comment le prouver ?

R : Aux onzième, douzième, treizième, quatorzième, quinzième et seizième paragraphes de cette leçon.*

27. Question 8 : L'idée de l'existence de ces attributs dans la Divinité, en ce qui concerne ses attributs, permet-elle à un être rationnel d'exercer sa foi en lui pour la vie et le salut ?

R : Oui.

28. Question 9 : Comment le prouver ?

R : Aux dix-septième et dix-huitième paragraphes.*

29. Question 10 : Les saints des derniers jours ont-ils autant d'autorité, par la révélation des attributs de Dieu, pour exercer la foi en lui que les saints des anciens jours ?

R : Ils l'ont.

30. Question 11 : Comment le prouver ?

R : Au dix-neuvième paragraphe de cette leçon.*

* Que l'élève se tourne et mémorise ces paragraphes.

57

LEÇON CINQUIÈME

de la Foi

1. Dans nos leçons précédentes, nous traitâmes de l'être, de la personnalité, des perfections et des attributs de Dieu. Ce que nous voulons dire par les perfections, ce sont les perfections qui appartiennent à tous les attributs de sa nature. Dans cette leçon, nous parlerons de la Divinité : c'est-à-dire du Père, du Fils et du Saint-Esprit.

2. Il y a deux personnages qui constituent le grand, l'inégalable, le suprême pouvoir, qui gouverne tout – par lequel toutes choses furent et sont créées, qu'elles soient visibles ou invisibles, que ce soit au ciel, sur la terre ou dans la terre, sous la terre, ou dans l'immensité de l'espace – ce sont le Père et le Fils : le Père étant un personnage d'esprit, de gloire et de pouvoir, possédant toute perfection et plénitude ; le Fils, qui était dans le sein du Père, un personnage de tabernacle, fait ou façonné comme l'homme, ou ayant la forme et l'image de l'homme, ou plutôt, l'homme fut fait à sa ressemblance et à son image – il est également l'image et la ressemblance exacte du personnage du Père, possédant toute la plénitude du Père, ou la même plénitude avec le Père, étant engendré par lui, et fut ordonné dès avant la fondation du monde pour être une propitiation pour les péchés de tous ceux qui devraient croire en son nom, et est appelé le Fils à cause de la chair – et descendit dans la souffrance en dessous de ce que l'homme peut souffrir, ou en d'autres termes, souffrit de plus grandes souffrances et fut exposé à des contradictions plus fortes que tout homme peut être. Malgré tout cela, il garda la loi de Dieu et resta sans péché, montrant ainsi qu'il est dans le pouvoir de l'homme de garder la loi et de rester aussi sans péché. Et aussi, afin que par lui un jugement juste puisse venir sur toute chair, et que tous ceux qui ne suivent pas la loi de Dieu puissent être condamnés à juste titre par la loi et sans aucune excuse pour leurs péchés. Et lui, étant le Fils unique du Père, plein de grâce et de vérité,

et ayant triomphé de la mort et reçu une plénitude de la gloire du Père —
possédant la même pensée avec le Père, laquelle pensée est le Saint-Esprit
qui rend témoignage du Père et du Fils, et ces trois sont un, ou en d'autres
termes, ces trois constituent le grand pouvoir inégalable, gouvernant et
suprême sur toutes choses, par lequel toutes les choses ont été créées et
faites qui ont été créées et faites. Et ces trois constituent la Divinité et sont
un : Le Père et le Fils possèdent la même pensée, la même sagesse, la même
gloire, le même pouvoir et la même plénitude, remplissant tout en tout —
le Fils étant rempli de la plénitude de la pensée, de la gloire et du pouvoir,
ou en d'autres termes, de l'esprit, de la gloire et du pouvoir du Père —
possédant toute la connaissance et toute la gloire, et le même royaume :
étant assis à la droite de son pouvoir, étant l'image exacte du Père, à sa
ressemblance, étant médiateur pour l'homme, rempli de la plénitude de la
pensée du Père, c'est-à-dire de l'esprit du Père, lequel esprit est déversé sur
tous ceux qui croient en son nom et qui gardent ses commandements. Et
tous ceux qui gardent ses commandements progresseront de grâce en grâce
et deviendront héritiers du royaume céleste et cohéritiers de Jésus-Christ,
possédant la même pensée, étant transformés en la même image ou
semblance, l'image exacte même de celui qui remplit tout en tous, étant
remplis de la plénitude de sa gloire, et devenant un en lui, comme le Père,
le Fils et le Saint-Esprit sont un.

3. Avec ce qui précède au sujet de la Divinité qui est donné dans ses
révélations, les saints ont une base sûre posée pour l'exercice de la foi à la
vie et au salut par l'expiation et la médiation de Jésus-Christ, par le sang de
qui ils reçoivent le pardon des péchés et aussi une récompense certaine qui
leur est réservée dans le ciel, même celle de participer à la plénitude du
Père et du Fils par l'esprit. Comme le Fils jouit de la plénitude du Père par
l'Esprit, ainsi les saints doivent, par le même Esprit, jouir de la même
plénitude et de la même gloire, car comme le Père et le Fils sont un, de
même les saints doivent être un en eux : par l'amour du Père, par la

médiation de Jésus-Christ et par le don du Saint-Esprit, ils doivent être héritiers de Dieu et cohéritiers avec Jésus-Christ.

Questions et réponses sur les principes précédents

4. Question 1 : De quoi traitent les leçons précédentes ?
Réponse : De l'être, des perfections et des attributs de la Divinité. (¶1.)
5. Question 2 : Que veut dire les perfections de la Divinité ?
R : Les perfections qui appartiennent à ses attributs.
6. Question 3 : Combien de personnages y a-t-il dans la Divinité ?
R : Deux : le Père et le Fils. (¶1.)
7. Question 4 : Comment prouver qu'il y en a deux ?
R : Par les Ecritures : Genèse 1:26 [Gen. 2:8] : « Et le Seigneur dit au Fils unique, qui était avec lui depuis le commencement: Faisons l'homme à notre image, selon notre ressemblance – et cela fut fait. » Genèse 3:22 [Gen. 2:19] : « Et le Seigneur dit au Fils unique: Voici, l'homme est devenu comme l'un de nous: pour connaître le bien et le mal. » Jean 17:5 [Jean 9:19] : « Et maintenant toi, Père, glorifie-moi auprès de toi-même de la gloire que j'avais auprès de toi avant que le monde fût. » (¶2.)
8. Question 5 : Qu'est-ce que le Père ?
R : C'est un personnage de gloire et de pouvoir. (¶2.)
9. Question 6 : Comment prouver que le Père soit un personnage de gloire et de pouvoir ?
R : Esaïe 60:19 [Esaïe 22:1] : « Le soleil ne sera plus ta lumière le jour, et la lune ne t'éclairera plus par sa clarté ; mais le Seigneur sera pour toi une lumière éternelle, et ton Dieu sera ta gloire. » 1 Chroniques 29:11 [1 Chron. 12:12]: « A toi, Seigneur, la grandeur, le pouvoir et la gloire. » Psaumes 29:3 [Ps. 29:1] : « La voix du Seigneur est sur les eaux : le Dieu de gloire fait gronder le tonnerre. » Psaumes 79:9 [Ps. 79:3] : « Secours-nous, Dieu de notre salut, pour la gloire de ton nom. » Romains 1:23 [Rom. 1:4] : « Et ils ont changé la gloire du Dieu incorruptible en image représentant l'homme corruptible. »

10. Deuxièmement, du pouvoir. 1 Chroniques 29:11 [1 Chron. 12:12] : « A toi, Seigneur, la grandeur, le pouvoir et la gloire. » Jérémie 32:17 [Jer. 13:3] : « Ah ! Seigneur Dieu, voici, tu as fait la terre et les cieux par ton grand pouvoir et par ton bras étendu; rien n'est trop difficile pour toi. » Deutéronome 4:37 [Deut. 2:7] : « Et parce qu'il a aimé tes pères, il a choisi leur postérité après eux et les a fait sortir sous ses yeux par son pouvoir puissant. » 2 Samuel 22:33 [2 Sam. 10:9] : « C'est Dieu qui est ma force et mon pouvoir. » Job 26:7-14 [Job 10:3-4] : « Il étend le nord sur le vide, et il suspend la terre sur le néant. Il lie les eaux dans ses nuages épais et la nuée ne se déchire pas sous eux. Il retient la face de son trône et étend sa nuée sur lui. Il a entouré les eaux de limites jusqu'à ce que le jour et la nuit s'achèvent. Les Colonnes du ciel tremblent et s'étonnent de sa réprimande. Il divise la mer par son pouvoir, et par son intelligence il frappe les orgueilleux. Par son esprit, il a garni les cieux; sa main a formé le serpent fuyard. Voici, ce sont là des parties de ses voies, mais combien peu on entend parler de lui! Mais le tonnerre de son pouvoir, qui peut le comprendre? »

11. Question 7 : Qu'est-ce que le Fils ?

R : Premièrement, c'est un personnage de tabernacle. (¶2.)

12. Question 8 : Comment le prouver ?

R : Jean 14:9-11 [Jean 9:7] : « Jésus lui dit : Il y a si longtemps que je suis avec vous, et tu ne m'as pas connu, Philippe ? Celui qui m'a vu a vu le Père. Et comment dis-tu alors: Montre-nous le Père ? Ne crois-tu pas que je suis dans le Père, et que le Père est en moi ? Les paroles que je vous dis, je ne les dis pas de moi-même, mais le Père qui demeure en moi. C'est lui qui fait les œuvres. Croyez-moi que je suis dans le Père, et le Père est en moi. »

13. Deuxièmement, et étant un personnage de tabernacle, fut fait ou façonné comme l'homme, ou ayant la forme et la ressemblance de l'homme. (¶2.) Philippiens 2:5-8 [Phil. 1:7] : « Ayez en vous cette pensée qui était aussi dans le Christ Jésus, lequel, ayant la forme de Dieu, n'a pas

estimé qu'il lui était interdit d'être égal à Dieu, mais ne s'est fait pas un réputation, prenant la forme d'un serviteur et devenant semblable à un homme. Et ayant été trouvé comme un homme, il s'est humilié lui-même et s'est fait obéissant jusqu'à la mort, même la mort de la croix. » Hébreux 2:14,16 [Héb. 1:5] : « Ainsi donc, puisque les enfants participent au sang et à la chair, il y a également participé lui-même. Car en vérité, il n'a pas pris sur lui la nature des anges, mais il a pris sur lui la postérité d'Abraham. »

14. Troisièmement, il est également à l'image du personnage du Père. (¶2.) Hébreux 1:1-3 [Héb. 1:1] : « Après avoir autrefois, à plusieurs reprises et de plusieurs manières, parlé à nos pères par les prophètes, Dieu, dans ces derniers temps, nous a parlé par le Fils, qu'il a établi héritier de toutes choses, par lequel il a aussi créé les mondes, et qui, étant le reflet de sa gloire et l'empreinte de sa personne... » Encore une fois, Philippiens 2:5-6 [Phil. 1:7] : « Ayez en vous cet esprit qui était aussi dans le Christ Jésus, lequel, ayant la forme de Dieu, n'a pas estimé qu'il lui était interdit d'être égal à Dieu... »

15. Question 9 : Est-ce par le Père et le Fils que toutes choses furent créées et faites ?

R : Oui. Colossiens 1:15-17 [Col. 1:3-4] : « Il est l'image du Dieu invisible, le premier-né de toute la création, car par lui ont été créées toutes les choses qui sont dans les cieux et dans la terre, les visibles et les invisibles, que ce soit des trônes, ou des dominations, des principautés, ou des pouvoirs. Tout a été créé par lui et pour lui. Il est avant toutes choses, et par lui toutes choses consistent. » Genèse 1:1 [Gen. 2:2] : « Au commencement, Dieu créa les cieux et la terre. » Hébreux 1: 2 [Héb. 1:1] : « Dieu, dans ces derniers temps, nous a parlé par son Fils, qu'il a établi héritier de toutes choses, par lequel il a aussi créé les mondes. »

16. Question 10 : Possède-t-il la plénitude du Père ?

R : Il l'a. Colossiens 1:19 [Col. 1:4] : « Car il a plu au Père qu'en lui doit habiter toute la plénitude. » Colossiens 2: 9 [Col. 1:7] : « Car en lui habite corporellement toute la plénitude de la divinité. » Ephésiens 1:23 [Eph. 1:3] : « qui est son [le Christ] corps, la plénitude de celui qui remplit tout en tous. »

17. Question 11 : Pourquoi était-il appelé le Fils ?

R : A cause de la chair. Luc 1:35 [Luc 1:6] : « Cet être saint qui naîtra de toi sera appelé Fils de Dieu. » Matthieu 3:16-17 [Matt. 2:4] : « Dès que Jésus eut été baptisé, il sortit de l'eau. Et voici, les cieux s'ouvrirent, et il (Jean) vit l'esprit de Dieu descendre comme une colombe et se poser sur lui, et voici, une voix des cieux, disant: Celui-ci est mon Fils Bien-aimé, en qui j'ai mis toute mon affection. »

18. Question 12 : Fut-il ordonné du Père, dès avant la fondation du monde, pour être une propitiation pour les péchés de tous ceux qui devraient croire en son nom ?

R : Il l'était. 1 Pierre 1:18-20 [1 Pierre 1:4] : « Car autant que vous savez que ce n'est pas par des choses corruptibles, comme l'argent et l'or, que vous avez été rachetés de votre vaine conversation (reçue par tradition de vos pères), mais par le sang précieux du Christ, comme d'un agneau sans défaut et sans tache, qui, en vérité, était prédestiné avant la fondation du monde, mais qui a été manifesté pour vous dans ces derniers temps. » Apocalypse 13:8 [Apoc. 4:8] : « Et tous ceux qui habitent la terre l'adoreront [la bête], ceux dont le nom n'a pas été écrit dans le livre de vie de l'agneau qui a été tué dès la fondation du monde. » 1 Corinthiens 2:7 [1 Cor. 1:7] : « Nous parlons la sagesse de Dieu dans un mystère, même le mystère cachée que Dieu avait destinée avant le monde pour notre gloire. »

19. Question 13 : Le Père et le Fils possèdent-ils la même pensée ?

R : Oui. Jean 5:30 [Jean 5:5] : « Moi (le Christ), je ne puis rien faire de moi-même. Selon que j'entends, je juge ; et mon jugement est juste, parce que je ne cherche pas ma volonté, mais la volonté de celui qui m'a envoyé. » Jean 6:38 [Jean 5:14] : « Car moi (le Christ), je suis descendu du ciel pour faire, non ma volonté, mais la volonté de celui qui m'a envoyé. » Jean 10:30 [Jean 6:29] : « Moi (le Christ) et le Père, nous sommes un. »

20. Question 14 : Quelle est cette pensée ?

R : Le Saint-Esprit. Jean 15:26 [Jean 9:13] : « Quand sera venu le Consolateur, que je vous enverrai de la part du Père, même l'esprit de vérité qui vient du Père, il rendra témoignage de moi (le Christ) » Galates 4:6 [Gal. 1:13] : « Et parce que vous êtes fils, Dieu a envoyé dans nos cœurs l'esprit de son Fils. »

21. Question 15 : Le Père, le Fils et le Saint-Esprit constituent-ils la Divinité ?

R : Oui. (¶2.) Que l'étudiant inscrive ce paragraphe dans sa mémoire.

22. Question 16 : Le croyant en Jésus-Christ, par le don de l'esprit, devient-il un avec le Père et le Fils, comme le Père et le Fils sont un ?

R : Oui. Jean 17:20-21 [Jean 9:21] : « Ce n'est pas pour eux [les apôtres] seulement que je prie, mais encore pour ceux qui croiront en moi par leur parole, afin que tous soient un, comme toi, Père, tu es en moi, et comme je suis en toi, afin qu'eux aussi soient un en nous, pour que le monde croit que tu m'as envoyé. »

23. Question 17 : Le compte précédent de la Divinité établit-il une base sûre pour l'exercice de la foi en lui pour la vie et le salut ?

R : Oui.

24. Question 18 : Comment le prouver ?

R : Au troisième paragraphe de cette leçon.

Que l'élève l'inscrit également dans sa mémoire.

LEÇON SIXIÈME

de la Foi

1. Ayant traité, dans les leçons précédentes, des idées sur la personnalité, les perfections et les attributs de Dieu, nous procédons ensuite à traiter de la connaissance que les gens doivent avoir pour savoir si le cours de leur vie est en accord avec la volonté de Dieu, afin qu'ils puissent exercer leur foi en lui pour la vie et le salut.

2. Cette connaissance occupe une place importante dans la religion révélée, car c'est grâce à cette connaissance que les anciens furent capables d'endurer comme voyant celui qui est invisible. Une connaissance sûre à toute personne que la course de la vie qu'il poursuit est selon la volonté de Dieu est essentielle pour lui permettre d'avoir cette confiance en Dieu, sans laquelle personne ne peut obtenir la vie éternelle. C'est ce qui a permis aux anciens saints d'endurer toutes leurs afflictions et persécutions et d'accepter joyeusement d'être privés de leurs biens, en sachant (pas seulement en croyant) qu'ils avaient une substance plus durable (Hébreux 10:34) [Héb. 1:34].

3. Ayant l'assurance qu'ils suivaient un chemin qui était agréable à la volonté de Dieu, ils furent autorisés à accepter joyeusement non seulement la privation de leurs biens et le gaspillage de leur substance, mais aussi à souffrir la mort sous ses formes les plus horribles, sachant (ne croyant pas simplement) que lorsque cette maison terrestre de leur tabernacle fut dissoute, ils avaient un ouvrage de Dieu, une maison non faite de mains, éternelle dans les cieux (2 Corinthiens 5:1) [2 Cor. 1:15].

4. Telle était et telle sera toujours la situation des saints de Dieu : à moins qu'ils ne sachent avec certitude que le chemin qu'ils poursuivent est conforme à la volonté de Dieu, ils se lasseront dans leur esprit et s'évanouiront, car tel fut le cas. et sera toujours l'opposition dans le cœur des incroyants et de ceux qui ne connaissent pas Dieu, contre la religion

pure et sans faille du ciel (le seul moyen qui assure la vie éternelle), qu'ils persécuteront à l'extrême tous ceux qui adorent Dieu selon ses révélations, recevoir la vérité dans l'amour de celle-ci, et se soumettre à être guidé et dirigé par sa volonté, et les conduire à des extrémités telles que rien de moins qu'une connaissance sûre d'être les favoris du ciel, et d'avoir embrassé cet ordre des choses que Dieu établit pour la rédemption de l'homme, leur permettra d'exercer en lui la confiance nécessaire pour vaincre le monde et obtenir la couronne de gloire qui est réservée à ceux qui craignent Dieu.

5. Pour qu'un homme abandonne tout, son moi et sa réputation, son honneur et ses applaudissements, sa renommée parmi les hommes, ses maisons, ses terres, ses frères et sœurs, sa femme et ses enfants, et même sa vie aussi, considérant tout comme de la saleté et des scories en comparaison de l'excellence de la connaissance de Jésus-Christ, cela nécessite plus qu'une simple croyance ou supposition qu'il fait la volonté de Dieu, mais une connaissance sûre, se rendant compte que lorsque ces souffrances seront terminées, il entrera dans le repos éternel et participera à la gloire de Dieu.

6. Car à moins qu'une personne ne sache qu'elle agisse selon la volonté de Dieu, ce serait une insulte à la dignité du Créateur s'il disait qu'il partagera sa gloire lorsqu'il devrait finir avec les choses de cette vie. Mais lorsqu'il a cette connaissance, et sait de la façon la plus sûre qu'il fait la volonté de Dieu, sa confiance peut être aussi forte que celle qu'il puisse avoir part à la gloire de Dieu.

7. Observons ici qu'une religion qui ne requiert pas le sacrifice de tout n'a jamais le pouvoir suffisant pour produire la foi nécessaire à la vie et au salut. Car depuis que l'homme existe, la foi nécessaire pour jouir de la vie et du salut ne put jamais être obtenue sans le sacrifice de toutes choses terrestres : c'est par ce sacrifice, et cela seulement, que Dieu ordonna que les hommes jouissent de la vie éternelle, et c'est par le moyen du sacrifice de toutes choses terrestres que les hommes savent avec certitude qu'ils font

ce qui plaît bien aux yeux de Dieu. Quand un homme a offert en sacrifice tout ce qu'il a pour l'amour de la vérité, sans même retenir sa vie, et croit devant Dieu qu'il fut appelé à faire ce sacrifice parce qu'il cherche à faire sa volonté, il sait avec la plus grande assurance que Dieu accepte et acceptera son sacrifice et son offrande, et qu'il ne rechercha pas et ne recherchera pas sa face en vain. Dans ces circonstances, il peut donc obtenir la foi nécessaire pour s'emparer de la vie éternelle.

8. Il est vain de s'imaginer que l'on soit héritier de ceux-ci, ou qu'ils peuvent être héritiers avec eux, qui ont tout offert en sacrifice, et grâce à cela obtinrent la foi en Dieu et la faveur avec lui pour obtenir la vie éternelle, à moins d'offrir de la même manière le même sacrifice, et par cette offrande obtiennent la connaissance qu'ils sont acceptés de lui.

9. C'est en offrant des sacrifices qu'Abel, le premier martyr, apprit qu'il était accepté de Dieu. Et depuis les jours d'Abel le juste jusqu'à nos jours, la connaissance que les hommes ont qu'ils sont acceptée aux yeux de Dieu est obtenue en offrant des sacrifices. Et dans les derniers jours, avant que le Seigneur vienne, il doit rassembler ses saints qui firent alliance avec lui par le sacrifice. Psaumes 50:3-5 [Ps. 50:1]: « Notre Dieu viendra et ne restera pas en silence. Devant lui sera un feu dévorant, et autour de lui une violente tempête. Il criera vers les cieux d'en haut, et vers la terre, pour juger son peuple. Rassemblez-moi mes saints, ceux qui ont conclu une alliance avec moi par le sacrifice. »

10. Ainsi, ceux qui feront le sacrifice auront le témoignage que leur course est agréable aux yeux de Dieu, et ceux qui auront ce témoignage auront la foi pour s'emparer de la vie éternelle et pourront, par la foi, endurer jusqu'à la fin et recevoir la couronne qui est dressée pour ceux qui aiment l'apparition de notre Seigneur Jésus-Christ. Mais ceux qui ne font pas le sacrifice ne peuvent pas jouir de cette foi parce que les hommes dépendent de ce sacrifice pour obtenir cette foi, donc ils ne peuvent pas saisir la vie éternelle parce que les révélations de Dieu ne leur garantissent pas l'autorité ainsi, et sans cette garantie, la foi ne pourrait exister.

11. Tous les saints dont nous avons un compte rendu dans toutes les révélations de Dieu qui existent obtinrent la connaissance qu'ils avaient de leur acceptation à ses yeux par le sacrifice qu'ils lui offrirent, et par la connaissance ainsi obtenue, leur foi devinrent suffisamment forte pour saisir la promesse de la vie éternelle et supporter comme voyant celui qui est invisible, et furent autorisés par la foi de combattre les pouvoirs des ténèbres, de déjouer les ruses de l'adversaire, de vaincre le monde et d'obtenir la finalité de leur foi, à savoir le salut de leurs âmes.

12. Mais ceux qui ne firent pas ce sacrifice à Dieu ne savent pas que la course qu'ils poursuivent est agréable à ses yeux, car quelle que soit leur croyance ou opinion, il y aura toujours un doute et une incertitude dans leur esprit, et là où il y a doute et incertitude, il n'y a pas de foi et il ne peut y en avoir. Car le doute et la foi n'existent pas en même temps chez la même personne. Ceux dont l'esprit est dans le doute et la crainte ne peuvent pas avoir en même temps une confiance inébranlable, et là où il n'y a pas la confiance inébranlable, la foi est faible et où la foi est faible, les personnes ne pourront pas lutter contre toutes les oppositions, tribulations et afflictions qu'ils devront rencontrer pour être héritiers de Dieu et cohéritiers de Jésus-Christ, et ils se lasseront dans leur esprit, et l'adversaire aura du pouvoir sur eux et les détruira.

13. Cette leçon est si simple, et les faits exposés si évidents, qu'il est jugé inutile de former un catéchisme sur elle. L'élève est donc chargé de garder le tout en mémoire.

LEÇON SEPTIÈME

de la Foi

1. Dans les leçons précédentes, nous traitâmes de ce qu'est la foi et de l'objet sur lequel elle reposait ; Comme prévu, nous allons maintenant parler de ses effets :

2. Après avoir vu dans nos leçons précédentes que la foi était le principe d'action et de pouvoir de tous les êtres intelligents, tant au ciel que sur la terre, nous devons pouvoir, dans une leçon de cette nature, réussir à en exposer ses effets ; il n'est pas non plus nécessaire à notre propos de le faire, car il comprendrait toutes choses au ciel et sur la terre, et engloberait toutes les créations de Dieu dans leurs variétés infinies. Car aucun monde ne fut encore formé si ce n'est par la foi, et aucun être intelligent sur aucune des créations de Dieu qui n'y arriva que grâce à la foi telle qu'elle existait en lui-même ou en un autre être, et il n'y eut pas non plus un changement ou une révolution dans l'une des créations de Dieu, mais elle fut effectuée par la foi. Il n'y aura pas non plus de changement ou de révolution à moins qu'il ne soit effectué de la même manière dans aucune des vastes créations du Tout-Puissant, car c'est par la foi que la Divinité agit.

3. Offrons ici une explication par rapport à la foi que notre sens peut être clairement compris. Nous demandons alors : Que devons-nous comprendre lorsque l'homme travaille par la foi ? Nous répondons : Nous comprenons que lorsqu'un homme travaille par la foi, il travaille par l'effort mental au lieu de la force physique ; c'est par des paroles, au lieu d'exercer ses pouvoirs physiques avec lesquels tout être travaille – Dieu dit : « Que la lumière soit et la lumière fut. » – Josué parla et les grandes lumières que Dieu avait créées s'arrêtèrent – Elie commanda et les cieux ne donnèrent plus d'eau pendant trois ans et six mois ; il commanda de nouveau et les cieux donnèrent de la pluie – tout cela fut fait par la foi , et

le Sauveur dit : « Si vous avez la foi comme un grain de sénevé, dites à cette montagne : Retirez – et elle s'enlèvera, ou dites à ce sycomine : Soyez arrachés et plantés au milieu de la mer – et cela vous obéira. » La foi passe donc par des paroles, et c'est par les paroles que ses œuvres les plus puissantes furent et seront accomplies.

4. Il ne nous sera pas exigé de prouver que tel est le principe sur lequel toute l'éternité agit et agira, car chaque esprit réfléchi doit savoir que c'est grâce à ce pouvoir que toutes les armées des cieux accomplissent leurs œuvres prodigieuses de majesté et de gloire : les anges se meuvent en vertu de ce pouvoir – grâce auquel ils sont autorisés à descendre des cieux sur la terre. Et sans le pouvoir de la foi, ils ne pourraient jamais être des esprits chargés d'un ministère pour ceux qui devraient devenir héritiers du salut, ils ne pourraient pas non plus agir en tant que messagers célestes, car ils seraient dépourvus du pouvoir nécessaire pour leur permettre d'accomplir la volonté de Dieu.

5. Il nous suffit de dire que toute la création visible, telle qu'elle existe maintenant, est le produit de la foi – c'est la foi par laquelle elle fut formée, et c'est par le pouvoir de la foi qu'elle continue dans sa forme organisée, et par ce même pouvoir que les planètes tournent sur leur orbite et étincellent de leur gloire. Donc la foi est vraiment le premier principe de la science de la théologie et, lorsqu'elle est comprise, elle ramène l'esprit au commencement et le porte à la fin, ou en d'autres termes, d'éternité en éternité.

6. Comme la foi est donc le principe par lequel les armées célestes œuvrent et par lequel elles jouissent de toute leur félicité, nous devons nous attendre à la trouver énoncée dans une révélation de Dieu comme le principe sur lequel ses créatures ici-bas doivent agir afin d'obtenir les félicités dont jouissent les saints dans le monde éternel, et que lorsque Dieu entreprendra de susciter des hommes pour le plaisir de lui-même, il leur enseignerait la nécessité de vivre par la foi et l'impossibilité de jouir de

la bénédiction de l'éternité sans elle, sachant que toutes les bénédictions de l'éternité sont le produit de la foi.

7. Par conséquent, il est dit, et de manière appropriée aussi, que sans la foi, il est impossible de plaire à Dieu. Si on pose la question : Pourquoi est-il impossible de plaire à Dieu sans foi ? – la réponse serait : parce que sans foi, il est impossible aux hommes d'être sauvés. Et puisque Dieu désire le salut de l'homme, il doit bien sûr désirer qu'ils aient la foi, et il ne peut être satisfait que s'ils l'obtiennent, sinon il se réjouirait de leur destruction.

8. De cela, nous apprenons que les nombreuses exhortations données par des hommes inspirés à ceux qui avaient reçu la parole du Seigneur pour avoir foi en lui, n'étaient pas seulement des sujets d'ordre commun, mais étaient faites pour la meilleure des raisons, et c'était parce que sans la foi il n'y eut pas de salut – ni dans ce monde ni dans ce qui est à venir. Lorsque les hommes commencent à vivre par la foi, ils commencent à s'approcher de Dieu. Et quand la foi est parfaite, ils sont comme lui , et parce qu'il est sauvé, ils sont aussi sauvés, car ils seront dans la même situation que lui parce qu'ils vinrent à lui ; et quand il apparaîtra, ils seront comme lui, car ils le verront tel qu'il est.

9. Etant donné que toute la création visible est un produit de la foi, ainsi en est-t-il du salut (nous voulons dire le salut dans son sens le plus large, temporel aussi bien que spirituel). Pour que ce sujet soit clairement placé devant l'esprit, posons-nous la question suivante : Dans quelle situation une personne doit-elle se trouver pour être sauvée ? Ou quelle est la différence entre un homme sauvé et un homme qui n'est pas sauvé ? Nous répondons d'après ce que nous avons observé auparavant des mondes célestes : Ce doivent être des personnes qui peuvent travailler par la foi et qui sont capables, par la foi, de servir des esprits exerçant leur ministère auprès de ceux qui seront héritiers du salut. Et qu'elles doivent avoir la foi qui les rend capables d'agir dans la présence du Seigneur, sans quoi elles ne peuvent pas être sauvées. Et ce qui constitue la différence réelle entre une personne sauvée et une personne qui ne l'est pas est la

différence dans le degré de leur foi – la foi de l'une est devenue suffisamment parfaite pour obtenir la vie éternelle, et celle de l'autre, non. Mais pour être plus précis, posons-nous la question : Où trouver un prototype à la ressemblance duquel nous pourrons être assimilés, pour pouvoir être faits héritiers de la vie et du salut ? Ou en d'autres termes, où trouver un être sauvé ? Car si nous pouvons trouver un être sauvé, nous pourrions sans trop de difficulté savoir avec certitude comment tous les autres doivent être pour être sauvés – ils doivent être comme cet individu ou ils ne peuvent pas être sauvés. Nous pensons ne pas susciter la contradiction en disant que deux êtres qui ne sont pas identiques dans ce domaine ne peuvent pas être sauvés tous les deux, car tout ce qui constitue le salut de l'un constituera le salut de toute créature qui sera sauvée. Et si nous trouvons un être sauvé dans toute existence, nous pouvons voir ce que tous les autres doivent être ou ne pas être sauvés. Nous demandons alors : Où est le prototype ? Ou bien, où est l'être sauvé ? Pour répondre à cette question nous disons, sans controverse possible pour ceux qui croient en la Bible, que c'est le Christ. Tous seront d'accord pour dire qu'il est le prototype, le modèle du salut, ou en d'autres termes, qu'il est un être sauvé. Et si nous poursuivions notre interrogatoire en nous demandant pourquoi il est sauvé, la réponse serait, parce qu'il est un être juste et saint, et s'il avait été en quoi que ce soit différent de cela, il n'aurait pas pu être sauvé, car son salut dépend précisément de ce qu'il est et de rien d'autre. Car s'il lui était possible de changer au moindre degré, il perdrait sans doute le salut et sa domination, son pouvoir, son autorité et sa gloire — ce qui constitue le salut. Car le salut consiste en la gloire, l'autorité, la majesté, le pouvoir et la domination que Jéhovah possède, et en rien d'autre, et aucun être ne peut le posséder excepté lui ou quelqu'un qui est comme lui. Ainsi dit Jean dans sa première épître, 3:2, 3 [1 Jean 1:13] : « Voyez nous sommes maintenant fils de Dieu, et ce que nous serons n'a pas encore été manifesté; mais nous savons que, lorsqu'il apparaîtra, nous lui serons semblables, car nous le verrons tel qu'il est. Et tout homme qui a cette espérance en lui se purifie, comme lui-même est pur. » Pourquoi se purifier comme lui-même est pur ? Parce que s'ils ne le font pas, ils ne pourront pas être comme lui.

10. Le Seigneur a dit à Moïse, Lévitique 19:2 [Lev. 9:1] : « Parle à toute l'assemblée des enfants d'Israël, et tu leur diras : Soyez saints, car je suis saint, moi, le Seigneur votre Dieu. » Et Pierre dit, première épître, 1:15, 16 [1 Pierre 1:3] : « Mais, puisque celui qui vous a appelés est saint, vous aussi soyez saints dans manière de conversation, parce qu'il est écrit : Vous serez saints, car je suis saint. » Et le Sauveur dit, Matthieu 5:48 [Matt. 3:26] : « Soyez parfaits, comme votre Père céleste est parfait. » Si quelqu'un demandait pourquoi toutes ces citations, la réponse se trouve à partir de ce qui est cité précédemment dans l'épître de Jean, que quand il (le Seigneur) apparaîtra, les saints seront comme lui, et s'ils ne sont pas saints comme il est saint et parfaits comme il est parfait, ils ne pourront être comme lui, car aucun être ne peut jouir de sa gloire sans posséder ses perfections et sa sainteté, pas plus qu'ils ne pourraient régner dans son royaume sans son pouvoir.

11. Cela établit clairement la convenance des paroles du Sauveur enregistrées dans le témoignage de Jean, 14:12 [Jean 9:7] : « En vérité, en vérité, je vous le dis, celui qui croit en moi fera aussi les œuvres que je fais, et il en fera des plus grandes, parce que je m'en vais au Père. » Ce passage mis en parallèle avec quelques-unes des paroles de la prière du Sauveur, enregistrées dans le 17e chapitre, donne une grande clarté à ses expressions. Il dit, dans le 20-24 [Jean 9:21] : « Ce n'est pas pour eux seulement que je prie, mais encore pour ceux qui croiront en moi par leur parole, afin que tous soient un, comme toi, Père, tu es en moi, et comme je suis en toi, afin qu'eux aussi soient un en nous, pour que le monde croie que tu m'as envoyé. Je leur ai donné la gloire que tu m'as donnée, afin qu'ils soient un comme nous sommes un – moi en eux, et toi en moi – afin qu'ils soient rendus parfaits en un, et que le monde connaisse que tu m'as envoyé et que tu les as aimés comme tu m'as aimé. Père, je

veux que là où je suis ceux que tu m'as donnés soient aussi avec moi, afin qu'ils voient ma gloire que tu m'as donnée, parce que tu m'as aimé avant la fondation du monde. »

12. Toutes ces paroles mises ensemble donnent une description aussi claire que le langage puisse le faire de l'état des saints glorifiés – les œuvres que Jésus a faites ils devaient les faire, et même de plus grandes que celles qu'il a faites parmi eux, et cela parce qu'il s'en allait au Père. Il ne dit pas qu'ils devraient faire ces œuvres à temps, mais ils devraient faire de plus grandes œuvres parce qu'il s'en allait au Père. Il dit, au 24e verset [Jean 9:21] : « Père, je veux que là où je suis ceux que tu m'as donnés soient aussi avec moi, afin qu'ils voient ma gloire. » Ces paroles mises en parallèle rendent évident le fait que les plus grandes œuvres que devaient faire ceux qui croyaient en son nom devaient se faire dans l'éternité où il s'en allait et où ils verraient sa gloire. Il avait dit dans une autre partie de sa prière qu'il désirait de son Père que ceux qui croyaient en lui puissent être un en lui, comme lui et le Père étaient un, l'un dans l'autre : « Ce n'est pas pour eux (les apôtres) seulement que je prie, mais encore pour ceux qui croiront en moi par leur parole, afin que tous soient un. » C'est-à-dire, ceux qui croient en lui par les paroles des apôtres, ainsi que les apôtres eux-mêmes : afin qu'ils tous soient un : « comme toi, Père, tu es en moi et moi en toi, afin qu'ils soient aussi un en nous. »

13. Peut-il y avoir un langage plus clair ? Le Sauveur avait sûrement l'intention d'être compris de ses disciples, et il parla de sorte qu'ils le comprennent. Car il déclare à son Père dans un langage qui peut difficilement être mal compris qu'il voulait que tous ses disciples soient comme lui et comme le Père, afin que, comme lui et son Père sont un, ils puissent de même être un avec eux. Et ce qui est dit dans le 22e verset [Jean 9:20] est calculé d'établir plus fermement cette croyance, s'il a besoin de quelque chose pour l'établir. Il dit : « Je leur ai donné la gloire que tu m'as donnée, afin qu'ils soient un comme nous sommes un. » Autant dire que s'ils n'ont pas la gloire que le Père lui avait donnée, ils ne pouvaient

pas être un avec eux, puisqu'il dit qu'il leur avait donné la gloire que le Père lui avait donnée, afin qu'ils soient un, ou en d'autres termes, pour en faire un.

14. Ceci nous renseigne pleinement sur ce sujet et montre très clairement que le Sauveur espérait de ses disciples qu'ils comprennent qu'ils devaient être avec lui en toutes choses, pas même sa gloire exceptée.

15. Il n'est guère nécessaire ici d'observer ce que nous notâmes précédemment, que la gloire que le Père et le Fils possèdent, ils l'ont parce qu'ils sont des êtres justes et saints, et que s'ils leur manquaient un ces attributs ou d'une perfection qu'ils possèdent, ils ne pourraient jouir de la gloire qu'ils ont parce qu'il est requis d'eux d'être précisément ce qu'ils sont pour en jouir. Et si le Sauveur donne cette gloire à d'autres, il doit le faire de la manière même énoncée dans sa prière adressée à son Père : en les faisant un avec lui comme lui et le Père sont un. Ainsi, il leur donnerait la gloire que le Père lui donna ; et lorsque ses disciples sont rendus un avec le Père et le Fils, comme le Père et le Fils sont un, qui ne peuvent pas voir la convenance de la parole du Sauveur : « les œuvres que je fais ils feront, et des œuvres plus grandes que celles-ci ils feront, parce que je m'en vais au Père ? »

16. Ces enseignements du Sauveur nous montrent le plus clairement la nature du salut, et ce qu'il proposa à la famille humaine quand il proposa de les sauver : qu'il proposa de les rendre comme lui, et il était comme le Père, le grand prototype de tous les êtres sauvés. Et pour qu'une partie de la famille humaine soit assimilée à sa ressemblance, elle doit être sauvée, et ne pas l'être signifie être détruit. C'est sur ce gond que tourne la porte du salut.

17. Qui ne peut voir alors que le salut est le produit de la foi ? Car, comme nous l'observâmes déjà, tous les êtres célestes œuvrent selon ce principe, et c'est parce qu'ils sont capables de faire ainsi qu'ils sont sauvés, car rien d'autre ne pourrait les sauver. Et c'est la leçon que le Dieu des cieux, par la bouche de tous ses saints prophètes, voulut enseigner au

monde. Par conséquent, il nous est dit que sans la foi, il est impossible de plaire à Dieu, et que le salut est de la foi, que ce soit par la grâce, jusqu'à la fin, la promesse pourrait être sûre pour toute la postérité. Romains 4:16 [Rom. 1:20]. Et qu'Israël, qui a suivi la loi de la justice, n'a pas atteint la loi de la justice. « Pourquoi? Parce qu'Israël l'a cherchée, non par la foi, mais comme provenant des œuvres. Ils se sont heurtés contre la pierre d'achoppement... » (Romains 9:32) [Rom. 1:45]. Et Jésus dit à l'homme qui lui avait amené son fils pour faire chasser le diable qui le tourmentait : « Si tu peux croire, tout est possible à celui qui croit. » (Marc 9:23) [Marc 5:9] Celles-ci, avec une multitude d'autres Ecritures qui pourraient être citées, exposaient clairement la lumière dans laquelle le Sauveur, ainsi que les saints des anciens jours, considéraient le plan du salut, que c'était un système de foi – il commence par la foi et continue par la foi. Et chaque bénédiction qui est obtenue par rapport à elle est le produit de la foi, qu'elle se rapporte à cette vie ou à celle à venir. Toutes les révélations de Dieu en témoignent. S'il y avait des enfants de promesse, ils étaient le produit de la foi, pas même le Sauveur du monde excepté : Bénie soit celle qui crut, dit Elisabeth à Marie lorsqu'elle alla la visiter, car il y aura un accomplissement des choses que le Seigneur lui dit (Luc 1:45) [Luc 1:7]. La naissance de Jean-Baptiste n'était pas moins une question de foi, car pour que son père Zacharie puisse croire il était rendu muet. Et à travers toute l'histoire du plan de vie et de salut, c'est une question de foi : chaque homme reçut selon sa foi – ses bénédictions et privilèges aient été selon que sa foi fut, et rien ne lui fut refusé lorsque sa foi était suffisante pour le recevoir. Il pouvait fermer la gueule des lions, éteindre la violence du feu, échapper au tranchant de l'épée, être vaillant au combat et mettre en fuite les armées des étrangers ; les femmes pouvaient, par leur foi, faire revivre les enfants morts – en un mot, il n'y avait rien d'impossible avec ceux qui avaient la foi. Tout était soumis aux saints des anciens jours selon que leur foi fut – par leur foi, ils pouvaient obtenir des visions célestes, le ministère d'anges, avoir la connaissance des esprits des hommes justes rendus parfaits, de l'assemblée générale et de l'église des Premiers-nés (dont les noms sont écrits dans le ciel), de Dieu, le juge de tous, de Jésus, le médiateur de la nouvelle alliance, et se familiariser avec les troisièmes cieux, voir et entendre des choses qui étaient non seulement inexprimables, mais étaient illégales à prononcer. Pierre, en vue du pouvoir de la foi, 2e épître, 1:2-3 [2 Pierre 1:1] dit aux saints des anciens jours : « Que la grâce et la paix vous soient multipliées par la connaissance de Dieu et de Jésus notre Seigneur, comme son pouvoir divin nous a donné tout ce qui contribue à la vie et à la piété, au moyen de la connaissance de celui qui nous a appelés à la gloire et la vertu. » Dans la première épître, 1:3-5 [1 Pierre 1:2] dit-il : « Béni soit le Dieu et le Père de notre Seigneur Jésus-Christ, qui, selon sa miséricorde abondante, nous a régénérés pour une espérance vivante par la résurrection de Jésus-Christ d'entre les morts, pour un héritage incorruptible et indéfectible, et qui ne flétrit, lequel vous est réservé dans les cieux, vous qui, par le pouvoir de Dieu, êtes gardés par la foi pour le salut, prêt à être révélé dans les derniers temps. »

18. Ces paroles rassemblées montrent le point de vue de l'apôtre de la manière la plus claire, afin d'admettre aucune erreur dans l'esprit de tout individu. Il dit que tout ce qui concerne la vie et la piété leur fut donné par la connaissance de Dieu et de notre Sauveur Jésus-Christ. Et si la question est posée : Comment purent-ils obtenir la connaissance de Dieu ? (car il y a une grande différence entre croire en Dieu et le connaître – la connaissance implique plus que la foi ; et notez que tout ce qui concerne la vie et la piété fut donné par la connaissance de Dieu) la réponse est donnée : Par la foi ils devaient acquérir cette connaissance ; et ayant le pouvoir par la foi d'obtenir la connaissance de Dieu, ils pouvaient ainsi obtenir toutes autres choses qui concernent la vie et la piété.

19. Par ces paroles de l'apôtre, nous apprenons que c'est en obtenant une connaissance de Dieu que les hommes reçurent tout ce qui concerne

la vie et la piété, et cette connaissance fut le produit de la foi. De sorte que toutes les choses qui concernent la vie et la piété sont le produit de la foi.

20. De cela, nous pouvons aller aussi loin que toutes les circonstances l'exigent, que ce soit sur terre ou au ciel, et nous trouverons le témoignage de tous les hommes inspirés ou des messagers célestes que toutes les choses qui se rapportent à la vie et à la piété sont le produit de la foi et rien d'autre : toute instruction, toute sagesse et toute prudence échouent, et tout le reste en tant que moyen de salut, sauf la foi. C'est la raison pour laquelle les pêcheurs de Galilée pouvaient enseigner au monde – parce qu'ils recherchaient par la foi et par la foi obtinrent. Et c'est la raison pour laquelle Paul compta tout comme la saleté et les scories – ce qu'il appelait autrefois son gain, il l'appelait sa perte ; oui, et il compta tout comme la perte pour l'excellence de la connaissance de Jésus-Christ le Seigneur (Philippiens 3:7-10) [Phil. 1:12]. Parce que, pour obtenir la foi par laquelle il pouvait jouir de la connaissance de Jésus-Christ le Seigneur, il devait subir la perte de toutes choses. C'est la raison pour laquelle les saints des anciens jours en savaient plus et comprenaient davantage au sujet du ciel et des choses célestes que toutes autres personnes, car cette information est le produit de la foi – à obtenir par aucun autre moyen. Et c'est la raison pour laquelle les hommes, dès qu'ils perdent leur foi, rencontrent des conflits, des contentions, des ténèbres et des difficultés. Car la connaissance qui tend à la vie disparaît avec la foi, mais revient lorsque la foi revient, car lorsque la foi vient, elle mène son train de serviteurs avec elle – des apôtres, des prophètes, des évangélistes, des pasteurs, des instructeurs, des dons, de la sagesse, de la connaissance, des miracles, des guérisons, des langues, de l'interprétation des langues, etc. Tout cela apparaît lorsque la foi apparaît sur la terre et disparaît quand elle disparaît de la terre. Car ce sont le produit de la foi, et en fut et en sera toujours. Car là où se trouve la foi, il y aura aussi la connaissance de Dieu, avec toutes les choses qui s'y rapportent – des révélations, des visions et des rêves, ainsi que toute autre chose nécessaire, afin que les possesseurs de la

foi soient perfectionnés et obtiennent le salut. Car Dieu doit changer, sinon la foi prévaudra avec lui. Et celui qui la possède obtiendra par son intermédiaire toutes les connaissances et la sagesse nécessaires jusqu'à ce qu'il connaisse Dieu et le Seigneur Jésus-Christ qu'il envoya, qui connaître est la vie éternelle. Amen.

APPENDICE : CHRONOLOGIE DES PÈRES

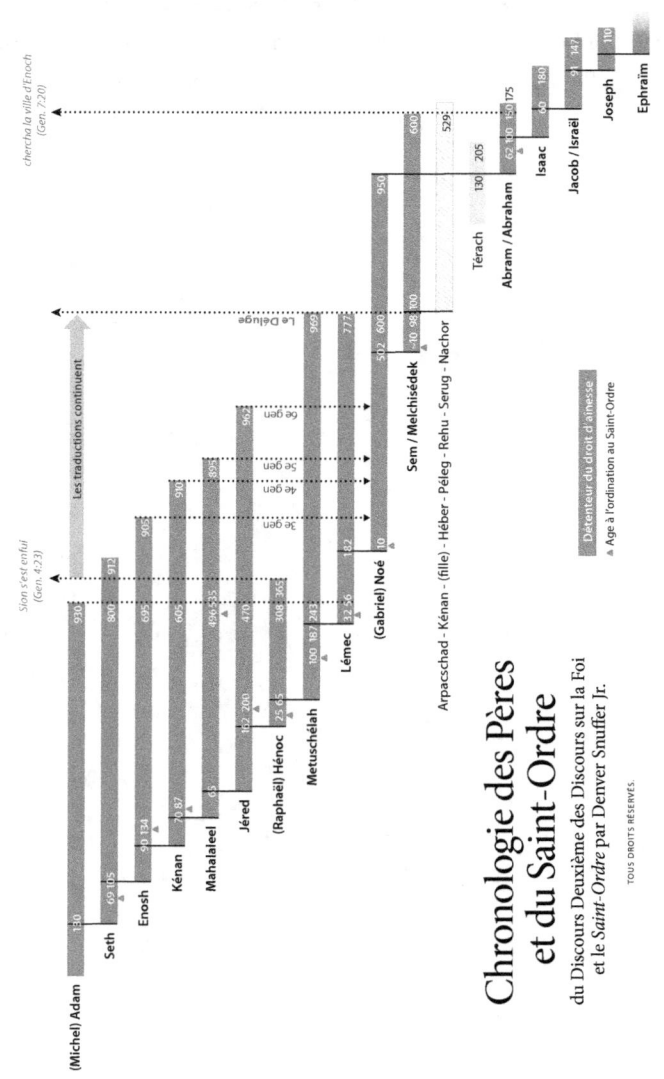

Chronologie des Pères et du Saint-Ordre

du Discours Deuxième des Discours sur la Foi et le *Saint-Ordre* par Denver Snuffer Jr.

RESTORATION EDITION OF
THE ORIGINAL ENGLISH TEXT

INTRODUCTION

Bruce R. McConkie said at BYU on 4 January 1972, "The Lectures on Faith are eternal scripture. It was written by the power of the Holy Ghost, by the spirit of inspiration. It is scripture; it is true." But the Restoration churches reject the Lectures on Faith as scripture.

In the month of August 1830, the Lord explained: *For all things must be done in order, and by common consent in the church...* (D&C 28:13). This was the process, for example in October 1978, when sections 137 & 138 were added to the Doctrine and Covenants. The Lectures on Faith followed it in August 1835. In the second volume of the *Revelations and Translations* you can read it beginning on page 565 of that volume. It is a reproduction of the 1835 edition of the Doctrine and Covenants. It was that edition that got canonized by the vote of the church. It is that edition that, in the preface, Joseph Smith vouched for all the items of doctrine (the Lectures on Faith being the "Doctrine" in Doctrine and Covenants) that were contained within The Lectures on Faith. In the 1844 edition that would be published later, they would not go through the exercise of re-sustaining The Lectures on Faith, because they had already been canonized. They simply added to, and elaborated on, the revelations received between then and 1844.

Beginning on page 566, and running through page 567 of the *Joseph Smith Papers*, 2nd Volume of *Revelations and Translations*, there is an account of how The Lectures on Faith were canonized on 17 August 1835 when the Doctrine and Covenants was approved by the church as scripture. The account begins with President Cowdery, who was Co-President of the Church at that point.

... President Cowdery arose and introduced the 'book of doctrine and covenants of the church of the Latter Day Saints,' in behalf of the committee: he was followed by President Rigdon, who explained the manner by which they intended to obtain the voice of the assembly for or against said book: the other two committee, named above, were absent. According to said arrangement W.W. Phelps bore record that the book presented to the assembly, was true. President John Whitmer, also arose, and testified that it was true. Elder John Smith, taking the lead of the high council in Kirtland, bore record that the revelations in said book were true.... Elder Levi Jackman, taking the lead of the high council of the church in Missouri bore testimony that the revelations in said book were true, and the said high council of Missouri accepted and acknowledged them as the doctrine and covenants of their faith, by a unanimous vote. President W.W. Phelps then read the written testimony of the Twelve as follows. 'The testimony of the witnesses to the book of the Lord's commandments, which he gave to his church through Joseph Smith, jr. who was appointed by the voice of the church for this purpose: we therefore feel willing to bear testimony to all the world of mankind, to every creature upon the face of all the earth, and upon the islands of the sea, that the Lord has borne record to our souls, through the Holy Ghost shed forth upon us, that these commandments were given by inspiration of God, and are profitable for all men, and are verily true....'

Elder Leonard Rich bore record of the truth of the book and the council of the Seventy accepted and acknowledged it as the doctrine and covenants of their faith, by a unanimous vote. Bishop N. K. Whitney bore record of the truth of the book, and with his counsellors [sic], accepted and acknowledged it as the doctrine and covenants of their faith, by unanimous vote. Acting Bishop, John Corrill, bore record of the truth of the book.... Acting President, John Gould, gave his testimony in favor of the book, and with the travelling [sic] Elders, accepted and acknowledged it as the doctrine and covenants of their faith, by a unanimous vote. Ira Ames, acting President of the Priests, gave his testimony in favor of the book, and with the Priests, accepted and acknowledged it as the doctrine and covenants of their faith, by a unanimous vote. Erastus Babbitt, acting President of the Teachers, gave his testimony in favor of the book, and they accepted and acknowledged it as the doctrine and covenants of their faith, by a unanimous vote. Wm. Burges acting President of the Deacons, bore record of the truth of the book, and they accepted and acknowledged it as the doctrine and covenants of their faith, by a unanimous vote. The venerable President, Thomas Gates, then bore record of the truth of the book, and with his five silver-headed assistants, and the whole congregation, accepted and acknowledged it as the doctrine and covenants of their faith, by a unanimous vote. The several authorities, and the general assembly, by a unanimous vote, accepted of the labors of the committee.

If you get a copy of the 1835 edition, you will read all that in the book. It's appended in the printed edition in the back, as the very final thing — the testimony of these people.

In 1921 the Lectures on Faith were dropped from the scriptures by a committee comprised of George F. Richards, Anthony W. Ivins, Melvin J. Ballard, James E. Talmage, John A. Widstoe, and Joseph Fielding Smith, without a vote of the Church, without common consent. That committee dropped the Lectures on Faith from the scriptures because, "Certain lessons entitled the Lectures on Faith which were bound with Doctrine and Covenants in some of its former issues, are not included in this edition. Those lessons were prepared for use in the School of Elders. But they were never presented or accepted by the Church as other than theological lessons or lectures." As we just read, this is not true.

Joseph's doctrines, teachings, revelations, and counsel were supposed to be kept and hearkened to by the church. In the 1835 Doctrine and Covenants, Section 14 — today Section 43 — it says, *Ye have received a commandment for a law unto my church through him who I have appointed unto you to receive commandments and revelations from my hand.* Making it clear that when we get something from Joseph, we, as a church, were directed by the Lord to respect what it was that came through him. In Section 32:2 — today Section 5 — it says, *I have entrusted unto you, **my servant Joseph**, for a wise purpose in me; and it shall be made known unto future generations, but this generation shall have my word through you.* Don't read the word "generation" in that context narrowly, because the word "generation" sometimes has varying meanings, and the safe meaning in that context, of that statement to Joseph, includes all those who live after the day that Joseph came and bore testimony. Therefore, it would include you.

In Section 46:1-3 — today Section 21 — it says, *Behold there shall be a record kept among you, and in it **thou** [meaning Joseph] shalt be called a seer, a translator, a prophet, an apostle of Jesus Christ, an elder of the church through the will of God the Father, and the grace of your Lord Jesus Christ.... Wherefore, meaning the church, **thou** [the church] shalt give heed unto all **his** [singular personal pronoun, meaning Joseph's] words, and commandments, which **he** [singular personal pronoun] shall give unto you, as he receiveth them, walking in all holiness before me: for his word ye shall receive, as if from my own mouth, in all patience and faith; for by doing these things, the gates of hell shall not prevail against you* (emphasis added). The "gates of hell" will not prevail, provided we give heed to Joseph's words. Not mine. Not another man's. The bastion that is established by the Lord that is the rock upon which the winds and rains can beat without causing any harm to the foundation, is the rock of revelation given to us in this generation through the Prophet Joseph Smith. Everything else turns to sand. *For thus saith the Lord God, **him** [a singular personal pronoun, referring to the individual man,* *the Prophet Joseph Smith. Praise to the man who communed with Jehovah, indeed!] have I inspired to move the cause of Zion in mighty power for good; and his diligence I know, and his prayers I have heard: yea, his weeping for Zion I have seen, and I will cause that he shall mourn for her no longer, for his days of rejoicing are come unto the remission of his sins, and the manifestations of my blessing upon his works* (emphasis added)." It doesn't promise Joseph Zion. It doesn't promise him anything of the sort. It promises him rejoicing, because his sins are remitted. His sins, of course, are not ours. At this point in 1835, you will remember that by 1832 the church was already under condemnation, but Joseph was not. His sins are remitted, and that will cause Joseph to rejoice.... *[T]hey shall believe on his words, which are given him through me, by the Comforter, which manifesteth that Jesus was crucified by sinful men for the sins of the world...* (emphasis added).

So in reading the 1835 edition of the Doctrine and Covenants, Sections 14, 32, 46 of that volume, it becomes abundantly apparent that, to the extent that the church was a true and living church at that moment, it was a true and living church because God owned the words that came through Joseph and God was then speaking through him. God vouched for the words that came through Joseph, and God cautioned them, and us, about ignoring the words that come through the Prophet Joseph Smith.

Section 51:2 — today Section 28: ... *no one shall be appointed to receive commandments and revelations in this church, excepting **my servant Joseph Smith, jr.** for he receiveth them even as Moses; and thou shalt be obedient unto the things which I shall give unto **him*** (emphasis added).

Section 84:1-4 — today Section 90 — again this is the 1835 edition. This is a revelation given in March 1833, in which Joseph Smith was called by the Lord with the words, ... *my son.... Verily I say unto **you** [again, a personal individual pronoun, identifying an individual by the name of Joseph Smith] the keys of this kingdom shall never be taken from **you**, while **thou** art in the world, neither in the world to come: nevertheless, through **you*** *shall the oracles be given to another; yea, even unto the church. And all they who receive the oracles of God, let them beware how they hold them, lest they are accounted as a light thing, and are brought under condemnation thereby, and stumble and fall....* What is the definition of "oracles" to be given by Joseph to the church? Is the definition of "oracles" the transient, changing-with-every-whim program, shifting from day-to-day and person-to-person future alterations made by men? Is it something which allows doctrine vouched for by Joseph to be discarded? Or are the oracles instead the doctrines, the commandments, the revelations, the words contained in what Joseph Smith handed to us in the Book of Mormon, The Lectures on Faith, and the revelations given through him? Be careful about how you interpret the scriptures. Be careful about how flexible you think an unchanging God can be made into a changeable Being who has given His power unto men (2 Nephi 28:5). Be careful about believing that the God who is the same today, yesterday, and forever is now so whimsical that on one day, one thing can be asked of you, and on another day, something altogether different can be asked of you. And to the extent that you detect the varying, shifting sand beneath your feet, ask yourself, why that is so? And ask yourself, where might I go to find the rock upon which to establish my feet, so that the winds and the rains might not mow me down? Because God vouched for Joseph Smith, and God vouched for those things committed to you, through him. We should recognize that if there is a Prophet whose words we need to heed, it begins with the primacy of Joseph Smith. All other things, all the revelations, all your attitudes, all your notions — everything ought to be measured against what we received through him. God vouched for his words.

So, let us regard what Joseph vouched for as the important doctrine of salvation, which is what he called The Lectures on Faith, as if it were a law unto the church — God's word through Joseph, words and commandments from God to us, given by the Comforter, to which we must be obedient, so we may avoid condemnation, stumbling, and falling.

All those things are, in fact, the things which the Lord said about Joseph in revelation that we still find in our scriptures.

It is clear there is a disagreement between Joseph Smith and the above-mentioned committee. The committee justified their action with the explanation that Joseph Smith was mistaken on several points of doctrine. Therefore, either Joseph Smith had an incorrect idea of God's character, perfections and attributes, or alternatively, George F. Richards, Anthony W. Ivins, Melvin J. Ballard, James E. Talmage, John A. Widstoe, and Joseph Fielding Smith had an incorrect idea of God's character and perfections and attributes, because they disagree — the one saying these ideas are so vile and so error ridden that it must be taken out of the scriptures, and the other saying this is a true statement of our doctrine, and therefore, needs to be in our scriptures.

Consequently and correspondingly, either Joseph Smith did not, indeed could not, have faith, or alternatively, George F. Richards, Anthony W. Ivins, Melvin J. Ballard, James E. Talmage, John A. Widstoe, and Joseph Fielding Smith did not, indeed could not, have faith. One or the other is true, because they disagree on the definition of God. And you must have a correct idea of His character, perfections and attributes in order to exercise faith in Him. And so now we find ourselves having to choose.

EXPLANATION OF THIS EDITION

Lectures on Faith restores the fundamental understanding of faith and spirituality that has been neglected, set aside and forgotten. Its purpose is to teach the reader what faith is, the object(s) upon which it rests, and the effects that flow from it.

The visionary Joseph Smith Jr. personally edited and guaranteed the Lectures on Faith in 1834, which were then adopted as Scripture in 1835 at a General Conference of the Church of Jesus Christ of Latter-day Saints by common consent. The Lectures were then published in 1835 as the first major part of the Doctrine and Covenants (D&C), constituting the "doctrine" portion of the volume, in a larger and more visible typeface than the "covenants" portion which contained the revelations and instructions that followed.

In 1921, a committee quietly removed the "doctrine" portion (Lectures on Faith) from the Doctrine and Covenants. Since then, all the major sects have quietly removed them from their body of Scripture, but not by common consent. They remain today as canonized Scriptures.

The Restoration Edition of the Lectures on Faith was reissued in 2019 by an independent group of volunteers as part of an ongoing effort to recover the sacred Scriptures, restore them to the original text as accurately and completely as possible, and preserve them for future generations. This edition restores the text to the original and updates and corrects the punctuation to current standards.

Scripture quotations in the text include the original quotation used in the 1835 edition, as well as quotations from the Restoration of the Scriptures edition, which are noted in square brackets, such as [Gen. 3:15].

The complete Restoration of the Scriptures edition can be found online at:

http://scriptures.info

Scriptural citations within the text include the original references used in the 1835 edition, together with references to the Restoration Edition of the scriptures, which are notated using brackets, as in [Gen. 3:15].

Comments can be sent to: translations@restorationarchives.com

PREFACE

A preface to the 1835 Doctrine and Covenants written 17 February 1835, and signed by all four members of the committee who compiled the volume.

To the members of the church of the Latter Day Saints —

Dear Brethren:

We deem it to be unnecessary to entertain you with a lengthy preface to the following volume, but merely to say that it contains, in short, the leading items of the religion which we have professed to believe

The first part of the book will be found to contain a series of lectures as delivered before a theological class in this place, and in consequence of their embracing the important doctrine of salvation, we have arranged them into the following work.

The second part contains items or principles for the regulation of the church, as taken from the revelations which have been given since its organization, as well as from former ones.

There may be an aversion in the minds of some against receiving anything purporting to be articles of religious faith, in consequence of there being so many now extant; but if men believe a system, and profess that it was given by inspiration, certainly, the more intelligibly they can present it, the better. It does not make a principle untrue to print it, neither does it make it true not to print it.

The church, viewing this subject to be of importance, appointed through their servants and delegates — the high council, your servants — to select and compile this work. Several reasons might be adduced in favor of this move of the council, but we only add a few words. They knew that the church was evil spoken of in many places — its faith and belief misrepresented, and the way of truth thus subverted. By some it was represented as disbelieving the Bible, by others as being an enemy to all good order and uprightness, and by others as being injurious to the peace of all governments, civil and political.

We have therefore endeavored to present, though in few words, our belief; and when we say this, humbly trust the faith and principles of this society as a body.

We do not present this little volume with any other expectation than that we are to be called to answer to every principle advanced, in that day when the secrets of all hearts will be revealed, and the reward of every man's labor will be given him.

With sentiments of esteem and sincere respect, we subscribe ourselves your brethren in the bonds of the gospel of our Lord Jesus Christ.

JOSEPH SMITH Jr.
OLIVER COWDERY.
SIDNEY RIGDON.
F. G. WILLIAMS.

Kirtland, Ohio, February 17, 1835

LECTURE FIRST

Of Faith

1. Faith, being the first principle in revealed religion, and the foundation of all righteousness, necessarily claims the first place in a course of lectures which are designed to unfold to the understanding the doctrine of Jesus Christ.

2. In presenting the subject of faith, we shall observe the following order:

3. First, faith itself — what it is,

4. Secondly, the object on which it rests, and

5. Thirdly, the effects which flow from it.

6. Agreeably to this order we have first to show what faith is.

7. The author of the epistle to the Hebrews, in the eleventh chapter of that epistle, and first verse, [Heb. 1:36], gives the following definition of the word faith:

8. "Now faith is the substance (assurance) of things hoped for, the evidence of things not seen."

9. From this we learn that faith is the assurance which men have of the existence of things which they have not seen and the principle of action in all intelligent beings.

10. If men were duly to consider themselves, and turn their thoughts and reflections to the operations of their own minds, they would readily discover that it is faith, and faith only, which is the moving cause of all action in them; that without it, both mind and body would be in a state of inactivity and all their exertions would cease, both physical and mental.

11. Were this class to go back and reflect upon the history of their lives, from the period of their first recollection, and ask themselves what principle excited them to action, or what gave them energy and activity in all their lawful avocations, callings, and pursuits, what would be the answer? Would it not be that it was the assurance which we had of the

existence of things which we had not seen, as yet? Was it not the hope which you had, in consequence of your belief in the existence of unseen things, which stimulated you to action and exertion in order to obtain them? Are you not dependent on your faith, or belief, for the acquisition of all knowledge, wisdom, and intelligence? Would you exert yourselves to obtain wisdom and intelligence unless you did believe that you could obtain them? Would you have ever sown if you had not believed that you would reap? Would you have ever planted if you had not believed that you would gather? Would you have ever asked unless you had believed that you would receive? Would you have ever sought unless you had believed that you would have found? Or would you have ever knocked unless you had believed that it would have been opened unto you? In a word, is there anything that you would have done, either physical or mental, if you had not previously believed? Are not all your exertions, of every kind, dependent on your faith? Or may we not ask, what have you, or what do you possess, which you have not obtained by reason of your faith? Your food, your raiment, your lodgings, are they not all by reason of your faith? Reflect and ask yourselves if these things are not so. Turn your thoughts on your own minds and see if faith is not the moving cause of all action in yourselves; and if the moving cause in you, is it not in all other intelligent beings?

12. And as faith is the moving cause of all action in temporal concerns, so it is in spiritual; for the Savior has said, and that truly, that "he that believeth and is baptized shall be saved" (Mark 16:16) [Mark 8:6].

13. As we receive by faith all temporal blessings that we do receive, so we, in like manner, receive by faith all spiritual blessings that we do receive. But faith is not only the principle of action, but of power also, in all intelligent beings, whether in Heaven, or on earth. Thus says the author of the epistle to the Hebrews, 11:3 [Heb. 1:36]:

14. "Through faith we understand that the worlds were framed by the word of God, so that things which are seen were not made of things which do appear."

15. By this we understand that the principle of power which existed in the bosom of God, by which the worlds were framed, was faith, and that it is by reason of this principle of power existing in the Deity that all created things exist — so that all things in Heaven, on earth, or under the earth, exist by reason of faith, as it existed in him.

16. Had it not been for the principle of faith, the worlds would never have been framed, neither would man have been formed of the dust — it is the principle by which Jehovah works and through which he exercises power over all temporal, as well as Eternal things. Take this principle or attribute (for it is an attribute) from the Deity and he would cease to exist.

17. Who cannot see that if God framed the worlds by faith, that it is by faith that he exercises power over them and that faith is the principle of power? And that if the principle of power, it must be so in man as well as in the Deity? This is the testimony of all the sacred writers and the lesson which they have been endeavoring to teach to man.

18. The Savior says, Matthew 17:19, 20 [Matt. 9:7], in explaining the reason why the disciples could not cast out the devil, that it was because of their unbelief: "For verily, I say unto you, said he, if ye have faith as a grain of mustard seed, ye shall say unto this mountain, Remove hence to yonder place! — and it shall remove; and nothing shall be impossible unto you."

19. Moroni, while abridging and compiling the record of his fathers, has given us the following account of faith as the principle of power: he says, page 563 [Ether 5:3], that it was the faith of Alma and Amulek which caused the walls of the prison to be rent, as recorded on the 264th page [Alma 10:11]; that it was the faith of Nephi and Lehi which caused a change to be wrought upon the hearts of the Lamanites when they were immersed with the holy spirit and with fire, as seen on the 421st page [Hel. 2:25]; and that it was by faith the mountain Zérin was removed

when the brother of Jared spake in the name of the Lord. See also 565th page [Ether 5:6].

20. In addition to this we are told in Hebrews, 11:32,33,34,35 [Heb. 1:49], that Gideon, Barak, Samson, Jephthah, David, Samuel, and the prophets, through faith subdued kingdoms, wrought righteousness, obtained promises, stopped the mouths of lions, quenched the violence of fire, escaped the edge of the sword, out of weakness were made strong, waxed valiant in fight, turned to flight the armies of the aliens, and that women received their dead raised to life again, etc.

21. Also, Joshua, in the sight of all Israel, bade the sun and moon to stand still, and it was done (Joshua 10:12) [Josh. 2:19].

22. We here understand that the sacred writers say that all these things were done by faith. It was by faith that the worlds were framed: God spake, chaos heard, and worlds came into order by reason of the faith there was in him. So with man also: he spake by faith in the name of God and the sun stood still, the moon obeyed, mountains removed, prisons fell, lions' mouths were closed, the human heart lost its enmity, fire its violence, armies their power, the sword its terror, and death its dominion, and all this by reason of the faith which was in him.

23. Had it not been for the faith which was in man, they might have spoken to the sun, the moon, the mountains, prisons, lions, the human heart, fire, armies, the sword, or to death in vain!

24. Faith, then, is the first great governing principle which has power, dominion, and authority over all things: by it they exist, by it they are upheld, by it they are changed, or by it they remain, agreeably to the will of God. Without it there is no power, and without power there could be no creation, nor existence!

Questions and Answers on the Foregoing Principles

25. Question 1: What is theology?

Answer: "It is that revealed science which treats of the being and attributes of God, his relations to us, the dispensations of his providence, his will with respect to our actions, and his purposes with respect to our end" (Buck's Theological Dictionary, page 582).

26. Question 2: What is the first principle in this revealed science?
A: Faith. (¶1.)

27. Question 3: Why is faith the first principle in this revealed science? A: Because it is the foundation of all righteousness. Hebrews 11:6 [Heb. 1:38]: Without faith it is impossible to please God. 1 John 3:7 [1 John 1:14]: "Little children, let no man deceive you: he that doeth righteousness is righteous, even as he (God) is righteous". (¶1.)

28. Question 4: What arrangement should be followed in presenting the subject of faith?
A: First, it should be shown what faith is (¶3);

Secondly, the object upon which it rests (¶4); and

Thirdly, the effects which flow from it. (¶5.)

29. Question 5: What is faith?
A: It is the assurance of things hoped for, the evidence of things not seen (Hebrews 11:1.) [Heb. 1:36]. That is, it is the assurance we have of the existence of unseen things. And being the assurance which we have of the existence of unseen things, must be the principle of action in all intelligent beings. Hebrews 11:3 [Heb. 1:36]: "Through faith we understand the worlds were framed by the word of God". (¶¶8, 9.)

30. Question 6: How do you prove that faith is the principle of action in all intelligent beings?
A: First, by duly considering the operations of my own mind, and secondly, by the direct declaration of scripture. Hebrews 11:7 [Heb. 1:39]: "By faith Noah, being warned of things not seen as yet, moved with fear, prepared an ark to the saving of his house, by the which he condemned the world and became heir of the righteousness which is by faith." Hebrews 11:8 [Heb. 1:40]: "By faith Abraham, when he was called to go

out into a place which he should after receive for an inheritance, obeyed, and he went out not knowing whither he went." Hebrews 11:9 [Heb. 1:40]: "By faith he sojourned in the land of promise, as in a strange country, dwelling in tabernacles with Isaac and Jacob, the heirs with him of the same promise." Hebrews 11:27 [Heb. 1:47]: "By faith Moses forsook Egypt, not fearing the wrath of the king, for he endured as seeing him who is invisible." (¶¶10–11.)

31. Question 7: Is not faith the principle of action in spiritual things as well as in temporal?
A: It is.

32. Question 8: How do you prove it?
A: Hebrews 11:6 [Heb. 1:38]: "Without faith it is impossible to please God." Mark 16:16 [Mark 8:6]: "He that believeth and is baptized shall be saved." Romans 4:16 [Rom. 1:20]: "Therefore, it is of faith, that it might be by grace, to the end the promise might be sure to all the seed: not to that only which is of the law, but to that also which is of the faith of Abraham, who is the father of us all." (¶¶12–13.)

33. Question 9: Is faith anything else besides the principle of action?
A: It is.

34. Question 10: What is it?
A: It is the principle of power also. (¶13.)

35. Question 11: How do you prove it?
A: First, it is the principle of power in the Deity, as well as in man. Hebrews 11:3 [Heb. 1:36]: "Through faith we understand that the worlds were framed by the word of God, so that things which are seen were not made of things which do appear." (¶¶14–16.)

36. Secondly, it is the principle of power in man also. Book of Mormon, page 264 [Alma 10:11]. Alma and Amulek are delivered from prison. Ditto, page 421 [Hel. 2:24–26]. Nephi and Lehi, with the lamanites, are immersed with the spirit. Ditto, page 565 [Ether 5:6]. The mountain Zerin, by the faith of the brother of Jared, is removed.

Joshua10:12 [Joshua 2:19]: "Then spake Joshua to the Lord in the day when the Lord delivered up the Amorites before the children of Israel, and he said in the sight of Israel, Sun, stand thou still upon Gibeon, and thou Moon, in the valley of Ajalon." Joshua 10:13 [Joshua 2:19]: "And the sun stood still, and the moon stayed, until the people had avenged themselves of their enemies. Is not this written in the book of Jasher? So the sun stood still in the midst of heaven and hasted not to go down about a whole day." Matthew 17:19 [Matt. 9:7]: "Then came the disciples to Jesus apart and said, Why could not we cast him out?" Matthew 17:20 [Matt 9:7]: "And Jesus said unto them, Because of your unbelief: for verily I say unto you, if ye have faith as a grain of mustard seed, ye shall say unto this mountain, Remove hence to yonder place, and it shall remove; and nothing shall be impossible unto you." Hebrews 11:32 [Heb. 1:49]: "And what shall I say more? For the time would fail me to tell of Gideon, and of Barak, and of Samson, and of Jephthah, of David also, and Samuel, and of the prophets," Hebrews 11:33 [Heb. 1:49]: "who through faith subdued kingdoms, wrought righteousness, obtained promises, stopped the mouths of lions," Hebrews 11:34 [Heb. 1:49]: "quenched the violence of fire, escaped the edge of the sword, out of weakness were made strong, waxed valiant in fight, turned to flight the armies of the aliens. Hebrews" 11:35 [Heb. 1:49]: "Women received their dead raised to life again, and others were tortured, not accepting deliverance; that they might obtain a better resurrection." (¶¶16-22.)

37. Question 12: How would you define faith in its most unlimited sense?

A: It is the first great governing principle, which has power, dominion, and authority over all things. (¶24.)

38. Question 13: How do you convey to the understanding more clearly that faith is the first great governing principle, which has power, dominion, and authority over all things?

A: By it they exist, by it they are upheld, by it they are changed, or by it they remain, agreeably to the will of God; and without it there is no power; and without power there could be no creation, nor existence! (¶24.)

LECTURE SECOND

Of Faith

1. Having shown in our previous lecture faith itself—what it is, we shall proceed to show secondly the object on which it rests.

2. We here observe that God is the only supreme governor and independent being in whom all fullness and perfection dwells; who is omnipotent, omnipresent, and omniscient, without beginning of days or end of life, and that in him every good gift and every good principle dwells, and that he is the Father of Lights: in him the principle of faith dwells independently; and he is the object in whom the faith of all other rational and accountable beings centers for life and salvation.

3. In order to present this part of the subject in a clear and conspicuous point of light, it is necessary to go back and show the evidences which mankind have had, and the foundation on which these evidences are, or were, based since the creation, to believe in the existence of a God.

4. We do not mean those evidences which are manifested by the works of creation, which we daily behold with our natural eyes: we are sensible that after a revelation of Jesus Christ, the works of creation, throughout their vast forms and varieties, clearly exhibit his eternal power and Godhead. Romans 1:20 [Rom. 1:4]: "For the invisible things of him from the creation of the world are clearly seen, being understood by the things that are made: even his eternal power and Godhead." But we mean those evidences by which the first thoughts were suggested to the minds of men that there was a God who created all things.

5. We shall now proceed to examine the situation of man at his first creation. Moses, the historian, has given us the following account of him in the first chapter of the book of Genesis, beginning with the 20th verse, and closing with the 30th [Gen. 2:8–9]. We copy from the New Translation:

6. "And the Lord God said unto the Only Begotten, who was with him from the beginning, Let us make man in our image, after our likeness: and it was done.

7. "And the Lord God said, Let them have dominion over the fish of the sea, and over the fowl of the air, and over the cattle, and over all the earth, and over every creeping thing that creeps upon the earth.

8. "So God created man in his own image, in the image of the Only Begotten created he him: male and female created he them. And God blessed them, and God said unto them, Be fruitful, and multiply, and replenish the earth, and subdue it: and have dominion over the fish of the sea, and over the fowl of the air, and over every living thing that moves upon the earth.

9. "And the Lord God said unto man, Behold, I have given you every herb bearing seed, which is upon the face of all the earth, and every tree in the which is the fruit of a tree yielding seed; to you it shall be for meat."

10. Again, Genesis 2:15,16,17,19,20 [Gen. 2:13]: "And the Lord God took the man and put him into the Garden of Eden, to dress it and to keep it. And the Lord God commanded the man saying, Of every tree of the garden you may freely eat, but of the tree of the knowledge of good and evil you shall not eat of it, neither shall you touch it; nevertheless, you may choose for yourself, for it is given unto you, but remember that I forbid it, for in the day that you eat thereof you shall surely die.

11. "And out of the ground the Lord God formed every beast of the field and every fowl of the air, and commanded that they should be brought unto Adam to see what he would call them. And whatever Adam called every living creature, that was the name thereof. And Adam gave names to all cattle, and to the fowl of the air, and to every beast of the field."

12. From the foregoing we learn man's situation at his first creation: the knowledge with which he was endowed, and the high and exalted station in which he was placed — lord or governor of all things on earth,

and at the same time enjoying communion and intercourse with his Maker without a veil to separate between. We shall next proceed to examine the account given of his fall, and of his being driven out of the Garden of Eden and from the presence of the Lord.

13. Moses proceeds: "And they (Adam and Eve) heard the voice of the Lord God as they were walking in the garden in the cool of the day, and Adam and his wife hid themselves from the presence of the Lord God among the trees of the garden. And the Lord God called unto Adam and said unto him, Where are you going? And he said, I heard your voice in the garden, and I was afraid because I beheld that I was naked, and I hid myself.

14. "And the Lord God said unto Adam, Who told you that you were naked? Have you eaten of the tree whereof I told you that you should not eat? If so, you should surely die? And the man said, The woman whom you gave me, and commanded that she should remain with me, gave me of the fruit of the tree and I did eat.

15. "And the Lord God said unto the woman, What is this which you have done? And the woman said, The serpent beguiled me and I did eat.

16. "And again, the Lord said unto the woman, I will greatly multiply your sorrow and your conception: in sorrow you shall bring forth children; and your desire shall be to your husband, and he shall rule over you.

17. "And the Lord God said unto Adam, Because you have hearkened unto the voice of your wife and have eaten of the fruit of the tree of which I commanded you, saying, You shall not eat of it — cursed shall be the ground for your sake: in sorrow you shall eat of it all the days of your life. Thorns, also, and thistles shall it bring forth to you: and you shall eat the herb of the field. By the sweat of your face shall you eat bread, until you shall return unto the ground — for you shall surely die — for out of it you were taken; for dust you were and unto dust you shall return." This was immediately followed by the fulfillment of what we previously said: Man was driven, or sent, out of Eden.

18. Two important items are shown from the former quotations: First, after man was created, he was not left without intelligence or understanding, to wander in darkness and spend an existence in ignorance and doubt — on the great and important point which affected his happiness — as to the real fact by whom he was created, or unto whom he was amenable for his conduct. God conversed with him face to face: in his presence he was permitted to stand, and from his own mouth he was permitted to receive instruction — he heard his voice, walked before him, and gazed upon his glory while intelligence burst upon his understanding and enabled him to give names to the vast assemblage of his Maker's works.

19. Secondly, we have seen that, though man did transgress, his transgression did not deprive him of the previous knowledge with which he was endowed, relative to the existence and glory of his Creator; for no sooner did he hear his voice than he sought to hide himself from his presence.

20. Having shown, then, in the first instance, that God began to converse with man immediately after he "breathed into his nostrils the breath of life," and that he did not cease to manifest himself to him even after his fall, we shall next proceed to show that, though he was cast out from the Garden of Eden, his knowledge of the existence of God was not lost, neither did God cease to manifest his will unto him.

21. We next proceed to present the account of the direct revelation which man received, after he was cast out of Eden, and further copy from the New Translation [Gen. 3:1–4]:

22. "After Adam had been driven out of the garden, he began to till the earth, and to have dominion over all the beasts of the field, and to eat his bread by the sweat of his brow as the Lord had commanded him; and he called upon the name of the Lord, and so did Eve, his wife, also. And they heard the voice of the Lord from the way toward the Garden of Eden speaking unto them; and they saw him not, for they were shut out from

his presence, but he gave unto them commandments that they should worship the Lord their God and should offer the firstlings of their flocks for an offering unto the Lord. And Adam was obedient unto the commandment.

23. "And after many days an angel of the Lord appeared unto Adam, saying, Why do you offer sacrifices unto the Lord? And Adam said unto him, I know not, but the Lord commanded me to offer sacrifices.

24. "And the angel said unto him, This thing is a similitude of the sacrifice of the Only Begotten of the Father, who is full of grace and truth. And you shall do all that you do in the name of the Son; and you shall repent and call upon God in his name for ever. In that day the holy spirit fell upon Adam and bore record of the Father and the Son."

25. This last quotation, or summary, shows this important fact — that though our first parents were driven out of the Garden of Eden and were even separated from the presence of God by a veil, they still retained a knowledge of his existence, and that sufficiently to move them to call upon him. And further, that no sooner was the plan of redemption revealed to man and he began to call upon God, than the holy spirit was given, bearing record of the Father and Son.

26. Moses also gives us an account in the 3rd chapter of Genesis [Gen. 3:6–9] of the transgression of Cain, and the righteousness of Abel, and of the revelations of God to them. He says: "In process of time Cain brought of the fruit of the ground an offering unto the Lord. And Abel also brought of the firstlings of his flock and of the fat thereof. And the Lord had respect unto Abel and to his offering, but unto Cain and to his offering he had not respect. Now Satan knew this and it pleased him. And Cain was very angry and his countenance fell. And the Lord said unto Cain, Why are you angry? Why is your countenance fallen? If you do well, will you not be accepted? And if you do not well, sin lies at the door, and Satan desires to have you, and except you shall hearken unto my

commandments, I will deliver you up: and it shall be unto you according to his desire.

27. "And Cain went into the field and talked with his brother Abel. And while they were in the field, Cain rose up against his brother Abel and slew him. And Cain gloried in what he had done, saying, I am free! Surely the flocks of my brother will now fall into my hands.

28. "But the Lord said unto Cain, Where is Abel, your brother? And he said, I know not. Am I my brother's keeper? And the Lord said, What have you done? The voice of your brother's blood cries unto me from the ground. And now you shall be cursed from the earth which has opened her mouth to receive your brother's blood from your hand. When you till the ground, she shall not henceforth yield unto you her strength. A fugitive, and a vagabond also, you shall be in the earth.

29. "And Cain said unto the Lord, Satan tempted me because of my brother's flocks. And I was also angry, for his offering was accepted and mine was not. My punishment is greater than I can bear. Behold, you have driven me out this day from the face of men, and from your face shall I be hid also; and I shall be a fugitive and a vagabond in the earth. And it shall come to pass, everyone that finds me will slay me because of my oath, for these things are not hid from the Lord. And the Lord said unto him, Therefore, whoever slays Cain, vengeance shall be taken on him sevenfold. And the Lord set a mark upon Cain, lest any finding him should kill him."

30. The object of the foregoing quotations is to show to this class the way by which mankind were first made acquainted with the existence of a God: that it was by a manifestation of God to man, and that God continued, after man's transgression, to manifest himself to him and his posterity: and notwithstanding they were separated from his immediate presence that they could not see his face, they continued to hear his voice.

31. Adam, thus being made acquainted with God, communicated the knowledge which he had unto his posterity; and it was through this means that the thought was first suggested to their minds that there was a God,

which laid the foundation for the exercise of their faith, through which they could obtain a knowledge of his character and also of his glory.

32. Not only was there a manifestation made unto Adam of the existence of a God, but Moses informs us, as before quoted, that God condescended to talk with Cain after his great transgression in slaying his brother, and that Cain knew that it was the Lord that was talking with him, so that when he was driven out from the presence of his brethren, he carried with him the knowledge of the existence of a God: and through this means, doubtless his posterity became acquainted with the fact that such a being existed.

33. From this we can see that the whole human family, in the early age of their existence, in all their different branches, had this knowledge disseminated among them; so that the existence of God became an object of faith in the early age of the world. And the evidences which these men had of the existence of a God was the testimony of their fathers in the first instance.

34. The reason why we have been thus particular on this part of our subject is that this class may see by what means it was that God became an object of faith among men after the fall, and what it was that stirred up the faith of multitudes to feel after him, to search after a knowledge of his character, perfections, and attributes until they became extensively acquainted with him; and not only commune with him and behold his glory, but be partakers of his power and stand in his presence.

35. Let this class mark particularly that the testimony which these men had of the existence of a God was the testimony of man, for previous to the time that any of Adam's posterity had obtained a manifestation of God to themselves, Adam, their common father, had testified unto them of the existence of God and of his eternal power and Godhead.

36. For instance, Abel, before he received the assurance from Heaven that his offerings were acceptable unto God, had received the important information of his father that such a being did exist, who had created and

who did uphold all things. Neither can there be a doubt existing on the mind of any person that Adam was the first who did communicate the knowledge of the existence of a God to his posterity, and that the whole faith of the world, from that time down to the present, is in a certain degree dependent on the knowledge first communicated to them by their common progenitor; and it has been handed down to the day and generation in which we live, as we shall show from the face of the sacred records.

37. First, Adam was 130 years old when Seth was born (Genesis 5:3) [Gen. 3:15]. And the days of Adam, after he had begotten Seth, were 800 years, making him 930 years old when he died (Genesis 5:4,5) [Gen. 3:15]. Seth was 105 when Enos was born (Genesis 5:6) [Gen. 3:16]; Enos was 90 when Cainan was born (Genesis 5:9) [Gen. 3:19]; Cainan was 70 when Mahalalel was born (Genesis 5:12) [Gen. 3:20]; Mahalalel was 65 when Jared was born (Genesis 5:15) [Gen. 3:21]; Jared was 162 when Enoch was born (Genesis 5:18) [Gen. 3:22]; Enoch was 65 when Methuselah was born (Genesis 5:21) [Gen. 3:25]; Methuselah was 187 when Lamech was born (Genesis 5:25) [Gen. 5:3]; Lamech was 182 when Noah was born (Genesis 5:28) [Gen. 5:4].

38. From this account it appears that Lamech, the ninth from Adam and the father of Noah, was 56 years old when Adam died; Methuselah, 243; Enoch, 308; Jared, 470; Mahalalel, 535; Cainan, 605; Enos, 695; and Seth, 800.

39. So that Lamech, the father of Noah, Methuselah, Enoch, Jared, Mahalalel, Cainan, Enos, Seth, and Adam were all living at the same time and, beyond all controversy, were all preachers of righteousness.

40. Moses further informs us that Seth lived after he begat Enos, 807 years, making him 912 years old at his death (Genesis 5:7,8) [Gen. 3:16,18]. And Enos lived after he begat Cainan, 815 years, making him 905 years old when he died (Genesis 5:10,11) [Gen. 3:19]. And

Cainan lived after he begat Mahalalel, 840 years, making him 910 years old at his death (Genesis 5:13.14) [Gen. 3:20]. And Mahalalel lived after he begat Jared, 830 years, making 895 years old when he died (Genesis 5:16,17) [Gen. 3:21]. And Jared lived after he begat Enoch, 800 years, making him 962 years old at his death (Genesis 5:19,20) [Gen. 3:22,24]. And Enoch walked with God, after he begat Methuselah, 300 years, making him 355 years old when he was translated (Genesis 5:22,23) [Gen. 4:23]. And Methuselah lived after he begat Lamech, 782 years, making him 969 years old when he died (Genesis 5:26,27) [Gen. 5:3]. Lamech lived after he begat Noah, 595 years, making him 777 years old when he died (Genesis 5:30,31) [Gen. 5:4].

41. Agreeably to this account, Adam died in the 930th year of the world, Enoch was translated in the 987th, Seth died in the 1042nd, Enos in the 1140th, Cainan in the 1235th, Mahalalel in the 1290th, Jared in the 1422nd, Lamech in the 1651st, and Methuselah in the 1656th, it being the same year in which the flood came.

42. So that Noah was 84 years old when Enos died, 176 when Cainan died, 234 when Mahalalel died, 366 when Jared died, 595 when Lamech died, and 600 when Methuselah died.

43. We can see from this that Enos, Cainan, Mahalalel, Jared, Methuselah, Lamech, and Noah all lived on the earth at the same time. And that Enos, Cainan, Mahalalel, Jared, Methuselah, and Lamech were all acquainted with both Adam and Noah.

44. From the foregoing it is easily to be seen, not only how the knowledge of God came into the world, but upon what principle it was preserved: that from the time it was first communicated, it was retained in the minds of righteous men who taught not only their own posterity, but the world, so that there was no need of a new revelation to man after Adam's creation to Noah, to give them the first idea or notion of the existence of a God — and not only of a God, but the true and living God.

45. Having traced the chronology of the world from Adam to Noah, we will now trace it from Noah to Abraham. Noah was 502 years old when Shem was born; 98 years afterward the flood came, being the 600th year of Noah's age. And

Moses informs us that Noah lived after the flood 350 years, making him 950 years old when he died (Genesis 9:28, 29) [Gen. 5:24].

46. Shem was 100 years old when Arphaxad was born (Genesis 11:10) [Gen. 6:7]. Arphaxad was 35 when Selah was born (Genesis 11:12) [Gen. 6:7]; Selah was 30 when Eber was born (Genesis 11:14) [Gen. 6:7]; Eber was 34 when Peleg was born, in whose days the earth was divided (Genesis 11:16) [Gen. 6:7]; Peleg was 30 when Reu was born (Genesis 11:18) [Gen. 6:7]; Reu was 32 when Serug was born (Genesis 11:20) [Gen. 6:7]; Serug was 30 when Nahor was born (Genesis 11:22) [Gen. 6:7]; Nahor was 29 when Terah was born (Gen. 11:24) [Gen. 6:7]; Terah was 70 when Haran and Abraham were born (Genesis 11:26) [Gen. 6:7].

47. There is some difficulty in the account given by Moses of Abraham's birth. Some have supposed that Abraham was not born until Terah was 130 years old. This conclusion is drawn from a variety of scriptures which are not to our purpose at present to quote. Neither is it a matter of any consequence to us whether Abraham was born when Terah was 70 years old or 130. But in order that there may no doubt exist upon any mind in relation to the object lying immediately before us, in presenting the present chronology we will date the birth of Abraham at the latest period: that is, when Terah was 130 years old. It appears from this account that from the flood to the birth of Abraham was 352 years.

48. Moses informs us that Shem lived after he begat Arphaxad, 500 years (Genesis 11:11) [Gen. 6:7]; this added to 100 years, which was his age when Arphaxad was born, makes him 600 years old when he died. Arphaxad lived, after he begat Selah, 403 years (Genesis 11:13) [Gen. 6:7]; this added to 35 years, which was his age when Selah was born, makes him

438 years old when he died. Selah lived after he begat Eber, 403 years (Genesis 11:15) [Gen. 6:7]; this added to 30 years, which was his age when Eber was born, makes him 433 years old when he died. Eber lived after he begat Peleg, 430 years (Genesis 11:17) [Gen. 6:7]; this added to 34 years, which was his age when Peleg was born, makes him 464 years old. Peleg lived after he begat Reu, 209 years (Genesis 11:19) [Gen. 6 7]; this added to 30 years, which was his age when Reu was born makes him 239 years old when he died. Reu lived after he begat Serug 207 years (Genesis 11:21) [Gen. 6:7]; this added to 32 years, which was his age when Serug was born, makes him 239 years old when he died. Serug lived after he begat Nahor, 200 years (Genesis 11:23) [Gen. 6:7]; this added to 30 years, which was his age when Nahor was born, makes him 230 years old when he died. Nahor lived after he begat Terah, 119 years (Genesis 11:25) [Gen. 6:7]; this added to 29 years, which was his age when Terah was born, makes him 148 years when he died. Terah was 130 years old when Abraham was born, and is supposed to have lived 75 years after his birth, making him 205 years old when he died.

49. Agreeably to this last account, Peleg died in the 1996th year of the world, Nahor in the 1997th, and Noah in the 2006th. So that Peleg, in whose days the earth was divided, and Nahor, the grandfather of Abraham, both died before Noah: the former being 239 years old and the latter 148. And who cannot but see that they must have had a long and intimate acquaintance with Noah?

50. Reu died in the 2026th year of the world, Serug in the 2049th, Terah in the 2083rd, Arphaxad in the 2096th, Selah in the 2126th, Shem in the 2158th, Abraham in the 2183rd, and Eber in the 2187th, which was 4 years after Abraham's death. And Eber was the fourth from Noah.

51. Nahor, Abraham's brother, was 58 years old when Noah died, Terah 128, Serug 187, Reu 219, Eber 283, Selah 313, Arphaxad 344, and Shem 448.

52. It appears from this account, that Nahor, brother of Abraham, Terah, Nahor, Serug, Reu, Peleg, Eber, Selah, Arphaxad, Shem, and Noah all lived on the earth at the same time. And that Abraham was 18 years old when Reu died, 41 when Serug and his brother Nahor died, 75 when Terah died, 88 when Arphaxad died, 118 when Selah died, 150 when Shem died, and that Eber lived 4 years after Abraham's death. And that Shem, Arphaxad, Selah, Eber, Reu, Serug, Terah, and Nahor, the brother of Abraham, and Abraham, lived at the same time. And that Nahor, brother of Abraham, Terah, Serug, Reu, Eber, Selah, Arphaxad, and Shem, were all acquainted with both Noah and Abraham.

53. We have now traced the chronology of the world, agreeably to the account given in our present Bible, from Adam to Abraham, and have clearly determined, beyond the power of controversy, that there was no difficulty in preserving the knowledge of God in the world from the creation of Adam, and the manifestation made to his immediate descendants, as set forth in the former part of this lecture, so that the students in this class need not have any dubiety resting on their minds on this subject; for they can easily see that it is impossible for it to be otherwise, but that the knowledge of the existence of a God must have continued from father to son as a matter of tradition, at least. For we cannot suppose that a knowledge of this important fact could have existed in the mind of any of the before-mentioned individuals without their having made it known to their posterity.

54. We have now shown how it was that the first thought ever existed in the mind of any individual that there was such a being as a God, who had created and did uphold all things: that it was by reason of the manifestation which he first made to our father Adam, when he stood in his presence and conversed with him face to face, at the time of his creation.

55. Let us here observe that after any portion of the human family are made acquainted with the important fact that there is a God who has

created and does uphold all things, the extent of their knowledge, respecting his character and glory, will depend upon their diligence and faithfulness in seeking after him, until like Enoch, the brother of Jared, and Moses, they shall obtain faith in God and power with him to behold him face to face.

56. We have now clearly set forth how it is, and how it was, that God became an object of faith for rational beings, and also upon what foundation the testimony was based, which excited the inquiry and diligent search of the ancient saints to seek after and obtain a knowledge of the glory of God. And we have seen that it was human testimony, and human testimony only, that excited this inquiry in the first instance in their minds—it was the credence they gave to the testimony of their fathers—this testimony having aroused their minds to inquire after the knowledge of God, the inquiry frequently terminated, indeed always terminated, when rightly pursued, in the most glorious discoveries and Eternal certainty.

Questions and Answers on the Foregoing Principles

57. Question 1: Is there a being who has faith in himself independently?
Answer: There is.

58. Question 2: Who is it?
A: It is God.

59. Question 3: How do you prove that God has faith in himself independently?
A: Because he is omnipotent, omnipresent, and omniscient, without beginning of days or end of life, and in him all fullness dwells. Ephesians 1:23 [Eph. 1:3]: "Which is his body, the fullness of him that filleth all in all." Colossians 1:19 [Col. 1:4]: "For it pleased the Father that in him should all fullness dwell." (¶12.)

60. Question 4: Is he the object in whom the faith of all other rational and accountable beings centers for life and salvation?

A: He is.

61. Question 5: How do you prove it?

A: Isaiah 45:22 [Isa. 15:19]: "Look unto me, and be ye saved, all the ends of the earth: for I am God and there is none else." Romans 11:34–36 [Rom. 1:58]: "For who hath known the mind of the Lord? Or who hath been his counselor? Or who hath first given to him, and it shall be recompensed unto him again? For of him, and through him, and to him, are all things: to whom be glory for ever. Amen." Isaiah 40:9–17 [Isa. 14:2–3]: "O Zion that bringest good tidings (or, O thou that tellest good tidings to Zion), get thee up into the high mountain: O Jerusalem, that bringest good tidings (or, O thou that tellest good tidings to Jerusalem), lift up thy voice with strength; lift it up, be not afraid; say unto the cities of Judah, Behold your God! Behold the Lord your God will come with strong hand [or, against the strong] and his arm shall rule for him: behold, his reward is with him and his work before him (or, recompense for his work). He shall feed his flock like a shepherd: he shall gather his lambs with his arms, and carry them in his bosom, and shall gently lead those that are with young. Who hath measured the waters in the hollow of his hand, and meted out heaven with the span, and comprehended the dust of the earth in a measure, weighed the mountains in scales and the hills in a balance? Who hath directed the spirit of the Lord or, being his counselor, hath taught him? With whom took he counsel, and who instructed him, and taught him in the path of judgment, and taught him knowledge, and shewed to him the way of understanding? Behold, the nations are as a drop of a bucket and are counted as the small dust of the balance; behold, he taketh up the isles as a very little thing. And Lebanon is not sufficient to burn, nor the beasts thereof sufficient for a burnt offering. All nations are before him as nothing, and they are counted to him less than nothing and vanity."

Jeremiah 51:15,16 [Jer. 18:13]: "He (the Lord) hath made the earth by his power, he hath established the world by his wisdom, and hath stretched out the Heaven by his understanding. When he uttereth his voice there is a multitude of waters in the heavens; and he causeth the vapors to ascend from the ends of the earth: He maketh lightnings with rain, and bringeth forth the wind out of his treasures." 1 Corinthians 8:6 [1 Cor. 1:32]: "But to us there is but one God, the Father, of whom are all things, and we in him, and one Lord Jesus Christ, by whom are all things, and we by him." (¶12.)

62. Question 6: How did men first come to the knowledge of the existence of a God, so as to exercise faith in him?

A: In order to answer this question, it will be necessary to go back and examine man at his creation, the circumstances in which he was placed, and the knowledge which he had of God (¶¶3–11.)

63. First, when man was created he stood in the presence of God (Genesis 1:27,28) [Gen. 2:8–9]. From this we learn that man, at his creation, stood in the presence of his God, and had most perfect knowledge of his existence.

64. Secondly, God conversed with him after his transgression (Genesis 3:8–22) [Gen. 2:17–19]. (¶¶13–17.) From this we learn that, though man did transgress, he was not deprived of the previous knowledge which he had of the existence of God. (¶19.)

65. Thirdly, God conversed with man after he cast him out of the garden. (¶¶22–25.)

66. Fourthly, God also conversed with Cain after he had slain Abel (Genesis 4:4–6) [Gen. 3:8]. (¶¶26–29.)

67. Question 7: What is the object of the foregoing quotation?

A: It is that it may be clearly seen how it was that the first thoughts were suggested to the minds of men of the existence of God, and how extensively this knowledge was spread among the immediate descendants of Adam. (¶¶30–33.)

68. Question 8: What testimony had the immediate descendants of Adam in proof of the existence of a God?

A: The testimony of their father. And after they were made acquainted with his existence by the testimony of their father, they were dependent upon the exercise of their own faith for a knowledge of his character, perfections, and attributes. (¶¶23–26.)

69. Question 9: Had any others of the human family, besides Adam, a knowledge of the existence of God, in the first instance, by any other means than human testimony?

A: They had not. For previous to the time that they could have power to obtain a manifestation for themselves, the all-important fact had been communicated to them by their common father: and so, from father to child, the knowledge was communicated as extensively as the knowledge of his existence was known; for it was by this means, in the first instance, that men had a knowledge of his existence. (¶¶35, 36.)

70. Question 10: How do you know that the knowledge of the existence of God was communicated in this manner throughout the different ages of the world?

A: By the chronology obtained through the revelations of God.

71. Question 11: How would you divide that chronology in order to convey it to the understanding clearly?

A: Into two parts: First, by embracing that period of the world from Adam to Noah, and secondly, from Noah to Abraham, from which period the knowledge of the existence of God has been so general that it is a matter of no dispute in what manner the idea of his existence has been retained in the world.

72. Question 12: How many noted righteous men lived from Adam to Noah?

A: Nine, which includes Abel, who was slain by his brother.

73. Question 13: What are their names?

A: Abel, Seth, Enos, Cainan, Mahalalel, Jared, Enoch, Methuselah, and Lamech.

74. Question 14: How old was Adam when Seth was born?

A: One hundred and thirty years (Genesis 5:3) [Gen. 3:15].

75. Question 15: How many years did Adam live after Seth was born?

A: Eight hundred (Genesis 5:4) [Gen. 3:15].

76. Question 16: How old was Adam when he died?

A: Nine hundred and thirty years (Genesis 5:5) [Gen. 3:15].

77. Question 17: How old was Seth when Enos was born?

A: One hundred and five years (Genesis 5:6) [Gen. 3:16].

78. Question 18: How old was Enos when Cainan was born?

A: Ninety years (Genesis 5:9) [Gen. 3:19].

79. Question 19: How old was Cainan when Mahalalel was born?

A: Seventy years (Genesis 5:12) [Gen. 3:20].

80. Question 20: How old was Mahalalel when Jared was born?

A: Sixty-five years (Genesis 5:15) [Gen. 3:21].

81. Question 21: How old was Jared when Enoch was born?

A: One hundred and sixty-two years (Genesis 5:18) [Gen. 3:22].

82. Question 22: How old was Enoch when Methuselah was born?

A: Sixty-five (Genesis 5:21) [Gen. 3:25].

83. Question 23: How old was Methuselah when Lamech was born?

A: One hundred and eighty-seven years (Genesis 5:25) [Gen. 5:3].

84. Question 24: How old was Lamech when Noah was born?

A: One hundred and eighty-two years (Genesis 5:28) [Gen. 5:4]. For this chronology see (¶37).

85. Question 25: How many years, according to this account, was it from Adam to Noah?

A: One thousand and fifty-six years.

86. Question 26: How old was Lamech when Adam died?

A: Lamech, the ninth from Adam (including Abel), and father of Noah, was fifty-six years old when Adam died.

87. Question 27: How old was Methuselah?

A: Two hundred and forty-three years.

88. Question 28: How old was Enoch?

A: Three hundred and eight years.

89. Question 29: How old was Jared?

A: Four hundred and seventy years.

90. Question 30: How old was Mahalalel?

A: Five hundred and thirty-five.

91. Question 31: How old was Cainan?

A: Six hundred and five years.

92. Question 32: How old was Enos?

A: Six hundred and ninety-five years.

93. Question 33: How old was Seth?

A: Eight hundred. For this item of the account see (¶38).

94. Question 34: How many of these noted men were contemporary with Adam?

A: Nine.

95. Question 35: What are their names?

A: Abel, Seth, Enos, Cainan, Mahalalel, Jared, Enoch, Methuselah, and Lamech. (¶39.)

96. Question 36: How long did Seth live after Enos was born?

A: Eight hundred and seven years (Genesis 5:7) [Gen. 3:16].

97. Question 37: What was Seth's age when he died?

A: Nine hundred and twelve years (Genesis 5:8) [Gen. 3:18].

98. Question 38: How long did Enos live after Cainan was born?

A: Eight hundred and fifteen years (Genesis 5:10) [Gen. 3:19]

99. Question 39: What was Enos's age when he died?

A: Nine hundred and five years (Genesis 5:11) [Gen. 3:19].

100. Question 40: How long did Cainan live after Mahalalel was born?

A: Eight hundred and forty years (Genesis 5:13) [Gen. 3:20].

101. Question 41: What was Cainan's age when he died?

A: Nine hundred and ten years (Genesis 5:14) [Gen. 3:20].

102. Question 42: How long did Mahalalel live after Jared was born?

A: Eight hundred and thirty years (Genesis 5:16) [Gen. 3:21].

103. Question 43: What was Mahalalel's age when he died?

A: Eight hundred and ninety-five years (Genesis 5:17) [Gen. 3:21].

104. Question 44: How long did Jared live after Enoch was born?

A: Eight hundred years (Genesis 5:19) [Gen. 3:22].

105. Question 45: What was Jared's age when he died?

A: Nine hundred and sixty-two years (Genesis 5:20) [Gen. 3:24].

106. Question 46: How long did Enoch walk with God after Methuselah was born?

A: Three hundred years (Genesis 5:22) [Gen. 4:23].

107. Question 47: What was Enoch's age when he was translated?

A: Three hundred and sixty-five years (Genesis 5:23) [Gen. 4:23] .

108. Question 48: How long did Methuselah live after Lamech was born?

A: Seven hundred and eighty-two years (Genesis 5:26) [Gen. 5:3].

109. Question 49: What was Methuselah's age when he died?

A: Nine hundred and sixty-nine years (Genesis 5:27) [Gen. 5:3] .

110. Question 50: How long did Lamech live after Noah was born?

A: Five hundred and ninety-five years (Genesis 5:30) [Gen. 5:4].

111. Question 51: What was Lamech's age when he died?

A: Seven hundred and seventy-seven years (Genesis 5:31) [Gen. 5:4]. For the account of the last item see (¶40).

112. Question 52: In what year of the world did Adam die?

A: In the nine hundred and thirtieth.

113. Question 53: In what year was Enoch translated?

A: In the nine hundred and eighty-seventh.

114. Question 54: In what year did Seth die?

A: In the one thousand and forty-second.

115. Question 55: In what year did Enos die?

A: In the eleven hundred and fortieth.

116. Question 56: In what year did Cainan die?

A: In the twelve hundred and thirty-fifth.

117. Question 57: In what year did Mahalalel die?

A: In the twelve hundred and ninetieth.

118. Question 58: In what year did Jared die?

A: In the fourteen hundred and twenty-second.

119. Question 59: In what year did Lamech die?

A: In the sixteen hundred and fifty-first.

120. Question 60: In what year did Methuselah die?

A: In the sixteen hundred and fifty-sixth. For this account see (¶41).

121. Question 61: How old was Noah when Enos died?

A: Eighty-four years.

122. Question 62: How old when Cainan died?

A: One hundred and seventy-nine years.

123. Question 63: How old when Mahalalel died?

A: Two hundred and thirty-four years.

124. Question 64: How old when Jared died?

A: Three hundred and sixty-six years.

125. Question 65: How old when Lamech died?

A: Five hundred and ninety-five years.

126. Question 66: How old when Methuselah died?

A: Six hundred years. See (¶42) for the last item.

127. Question 67: How many of those men lived in the days of Noah?

A: Six.

128. Question 68: What are their names?

A: Seth, Enos, Cainan, Mahalalel, Jared, Methuselah, and Lamech. (¶43.)

129. Question 69: How many of those men were contemporary with Adam and Noah both?

A: Six.

130. Question 70: What are their names?

A: Enos, Cainan, Mahalalel, Jared, Methuselah, and Lamech. (¶43.)

131. Question 71: According to the foregoing account, how was the knowledge of the existence of God first suggested to the minds of men?
A: By the manifestation made to our father Adam when he was in the presence of God, both before and while he was in Eden. (¶44.)

132. Question 72: How was the knowledge of the existence of God disseminated among the inhabitants of the world?
A: By tradition from father to son. (¶44.)

133. Question 73: How old was Noah when Shem was born?
A: Five hundred and two years (Genesis 5:32) [Gen. 5:5], (Gen. 11:10) [Gen. 6:7].

134. Question 74: What was the term of years from the birth of Shem to the flood?
A: Ninety-eight.

135. Question 75: What was the term of years that Noah lived after the flood?
A: Three hundred and fifty (Genesis 9:28) [Gen. 5:24].

136. Question 76: What was Noah's age when he died?
A: Nine hundred and fifty years (Genesis 9:29) [Gen. 5:24].

137. Question 77: What was Shem's age when Arphaxad was born?
A: One hundred years (Genesis 11:10) [Gen. 6:7].

138. Question 78: What was Arphaxad's age when Selah was born?
A: Thirty-five years (Genesis 11:12) [Gen. 6:7].

139. Question 79: What was Selah's age when Eber was born?
A: Thirty (Genesis 11:14) [Gen. 6:7].

140. Question 80: What was Eber's age when Peleg was born?
A: Thirty-four years (Genesis 11:16) [Gen. 6:7].

141. Question 81: What was Peleg's age when Reu was born?
A: Thirty years (Genesis 11:18) [Gen. 6:7] .

142. Question 82: What was Reu's age when Serug was born?
A: Thirty-two years (Genesis 11:20) [Gen. 6:7].

143. Question 83: What was Serug's age when Nahor was born?

A: Thirty years (Genesis 11:22) [Gen. 6:7].

144. Question 84: What was Nahor's age when Terah was born?

A: Twenty-nine years (Genesis 11:24) [Gen. 6:7].

145. Question 85: What was Terah's age when Nahor (the brother of Abraham) was born?

A: Seventy years (Genesis 11:26) [Gen. 6:7].

146. Question 86: What was Terah's age when Abraham was born?

A: Some suppose one hundred and thirty years, and others seventy (Genesis 11:26) [Gen. 6:7]. (¶46.)

147. Question 87: What was the number of years from the flood to the birth of Abraham?

A: Supposing Abraham to have been born when Terah was one hundred and thirty years old, it was three hundred and fifty-two years, but if he were born when Terah was seventy years old, it was two hundred and ninety-two years. (¶47.)

148. Question 88: How long did Shem live after Arphaxad was born?

A: Five hundred years (Genesis 11:11) [Gen. 6:7].

149. Question 89: What was Shem's age when he died?

A: Six hundred years (Genesis 11:11) [Gen. 6:7].

150. Question 90: What number of years did Arphaxad live after Selah was born?

A: Four hundred and three years (Genesis 11:13) [Gen. 6:7].

151. Question 91: What was Arphaxad's age when he died?

A: Four hundred and thirty-eight years.

152. Question 92: What number of years did Selah live after Eber was born?

A: Four hundred and three years (Genesis 11:15) [Gen. 6:7].

153. Question 93: What was Selah's age when he died?

A: Four hundred and thirty-three years.

154. Question 94: What number of years did Eber live after Peleg was born?

A: Four hundred and thirty years (Genesis 11:17) [Gen. 6:7].

155. Question 95: What was Eber's age when he died?

A: Four hundred and sixty-four years.

156. Question 96: What number of years did Peleg live after Reu was born?

A: Two hundred and nine years (Genesis 11:19) [Gen. 6:7].

157. Question 97: What was Peleg's age when he died?

A: Two hundred and thirty-nine years.

158. Question 98: What number of years did Reu live after Serug was born?

A: Two hundred and seven years (Genesis 11:21) [Gen. 6:7].

159. Question 99: What was Reu's age when he died?

A: Two hundred and thirty-nine years.

160. Question 100: What number of years did Serug live after Nahor was born?

A: Two hundred years (Genesis 11:23) [Gen. 6:7].

161. Question 101: What was Serug's age when he died?

A: Two hundred and thirty years.

162. Question 102: What number of years did Nahor live after Terah was born?

A: One hundred and nineteen years (Genesis 11:25) [Gen. 6:7].

163. Question 103: What was Nahor's age when he died?

A: One hundred and forty-eight years.

164. Question 104: What number of years did Terah live after Abraham was born?

A: Supposing Terah to have been one hundred and thirty years old when Abraham was born, he lived seventy-five years, but if Abraham was born when Terah was seventy years old, he lived one hundred and thirty-five.

165. Question 105: What was Terah's age when he died?

A: Two hundred and five years (Genesis 11:32) [Gen. 6:8]. For this account from the birth of Arphaxad to the death of Terah, see (¶48).

166. Question 106: In what year of the world did Peleg die?
A: Agreeably to the foregoing chronology, he died in the nineteen hundred and ninety-sixth year of the world.

167. Question 107: In what year of the world did Nahor die?
A: In the nineteen hundred and ninety-seventh.

168. Question 108: In what year of the world did Noah die?
A: In the two thousand and sixth.

169. Question 109: In what year of the world did Reu die?
A: In the two thousand and twenty-sixth.

170. Question 110: In what year of the world did Serug die?
A: In the two thousand and forty-ninth.

171. Question 111: In what year of the world did Terah die?
A: In the two thousand and eighty-third.

172. Question 112: In what year of the world did Arphaxad die?
A: In the two thousand and ninety-sixth.

173. Question 113: In what year of the world did Selah die?
A: In the twenty-one hundred and twenty-sixth.

174. Question 114: In what year of the world did Abraham die?
A: In the twenty-one hundred and eighty-third.

175. Question 115: In what year of the world did Eber die?
A: In the twenty-one hundred and eighty-seventh. For this account of the year of the world in which those men died, see (¶¶49–50).

176. Question 116: How old was Nahor, Abraham's brother, when Noah died?
A: Fifty-eight years.

177. Question 117: How old was Terah?
A: One hundred and twenty-eight.

178. Question 118: How old was Serug?
A: One hundred and eighty-seven.

179. Question 119: How old was Reu?

A: Two hundred and nineteen.

180. Question 120: How old was Eber?

A: Two hundred and eighty-three.

181. Question 121: How old was Selah?

A: Three hundred and thirteen.

182. Question 122: How old was Arphaxad?

A: Three hundred and forty-eight.

183. Question 123: How old was Shem?

A: Four hundred and forty-eight. For the last account, see (¶51).

184. Question 124: How old was Abraham when Reu died?

A: Eighteen years, if he were born when Terah was one hundred and thirty years old.

185. Question 125: What was his age when Serug and Nahor, Abraham's brother, died?

A: Forty-one years.

186. Question 126: What was his age when Terah died?

A: Seventy-five years.

187. Question 127: What was his age when Arphaxad died?

A: Eighty-eight.

188. Question 128: What was his age when Selah died?

A: One hundred and eighteen years.

189. Question 129: What was his age when Shem died?

A: One hundred and fifty years. For this see (¶52).

190. Question 130: How many noted characters lived from Noah to Abraham?

A: Ten.

191. Question 131: What are their names?

A: Shem, Arphaxad, Selah, Eber, Peleg, Reu, Serug, Nahor, Terah, and Nahor, Abraham's brother. (¶52.)

192. Question 132: How many of these were contemporary with Noah?

A: The whole.

193. Question 133: How many with Abraham?

A: Eight.

194. Question 134: What are their names?

A: Nahor, Abraham's brother, Terah, Serug, Reu, Eber, Selah, Arphaxad, and Shem. (¶52.)

195. Question 135: How many were contemporary with both Noah and Abraham?

A: Eight.

196. Question 136: What are their names?

A: Shem, Arphaxad, Selah, Eber, Reu, Serug, Terah, and Nahor, Abraham's brother. (¶52.)

197. Question 137: Did any of these men die before Noah?

A: They did.

198. Question 138: Who were they?

A: Peleg, in whose days the earth was divided, and Nahor, Abraham's grandfather. (¶49.)

199. Question 139: Did any one of them live longer than Abraham?

A: There was one. (¶50.)

200. Question 140: Who was it?

A: Eber, the fourth from Noah. (¶50.)

201. Question 141: In whose days was the earth divided?

A: In the days of Peleg.

202. Question 142: Where have we the account given that the earth was divided in the days of Peleg?

A: Genesis 10:25 [Gen. 6:4].

203. Question 143: Can you repeat the sentence?

A: Unto Eber were born two sons; the name on one was Peleg, for in his days the earth was divided.

204. Question 144: What testimony have men, in the first instance, that there is a God?

A: Human testimony and human testimony only. (¶56.)

205. Question 145: What excited the ancient saints to seek diligently after a knowledge of the glory of God, his perfections, and attributes?

A: The credence they gave to the testimony of their fathers. (¶56.)

206. Question 146: How do men obtain a knowledge of the glory of God, his perfections, and attributes?

A: By devoting themselves to his service, through prayer and supplication incessantly, strengthening their faith in him, until like Enoch, the brother of Jared, and Moses, they obtain a manifestation of God to themselves. (¶55.)

207. Question 147: Is the knowledge of the existence of God a matter of mere tradition, founded upon human testimony alone, until a person receives a manifestation of God to themselves?

A: It is.

208. Question 148: How do you prove it?

A: From the whole of the first and second lectures.

[See Appendix: Timeline of the Fathers]

LECTURE THIRD

Of Faith

1. In the second lecture it was shown how it was that the knowledge of the existence of God came into the world, and by what means the first thoughts were suggested to the minds of men that such a being did actually exist. And that it was by reason of the knowledge of his existence that there was a foundation laid for the exercise of faith in him as the only being in whom faith could center for life and salvation. For faith could not center in a being of whose existence we had no idea, because the idea of his existence in the first instance is essential to the exercise of faith in him. Romans 10:14 [Rom. 1:49]: "How then shall they call on him in whom they have not believed? And how shall they believe in him of whom they have not heard? And how shall they hear without a preacher (or one sent to tell them)? So then faith comes by hearing the word of God." (New Translation.)

2. Let us here observe that three things are necessary in order that any rational and intelligent being may exercise faith in God unto life and salvation.

3. First, the idea that he actually exists.

4. Secondly, a *correct* idea of his character, perfections, and attributes.

5. Thirdly, an actual knowledge that the course of life which he is pursuing is according to his will. For without an acquaintance with these three important facts, the faith of every rational being must be imperfect and unproductive, but with this understanding it can become perfect and fruitful, abounding in righteousness unto the praise and glory of God the Father and the Lord Jesus Christ.

6. Having previously been made acquainted with the way the idea of his existence came into the world, as well as the fact of his existence, we shall proceed to examine his character, perfections, and attributes, in order that this class may see not only the just grounds which they have for the

exercise of faith in him for life and salvation, but the reasons that all the world also, as far as the idea of his existence extends, may have to exercise faith in him, the Father of all living.

7. As we have been indebted to a revelation which God made of himself to his creatures, in the first instance, for the idea of his existence, so in like manner we are indebted to the revelations which he has given to us for a correct understanding of his character, perfections, and attributes, because without the revelations which he has given to us, no man by searching could find out God. Job 11:7–9 [Job 5:2]. 1 Corinthians 2:9–11 [1 Cor. 1:8]: "But as it is written: Eye has not seen, nor ear heard, neither have entered into the heart of man, the things which God has prepared for them that love him, but God has revealed them unto us by his spirit: for the spirit searches all things, yea, the deep things of God. For what man knows the things of a man save the spirit of man which is in him? Even so, the things of God no man knows but by the spirit of God."

8. Having said so much, we proceed to examine the character which the revelations have given of God.

9. Moses gives us the following account in Exodus 34:6 [Exo. 18:6]: "And the Lord passed by before him and proclaimed, The Lord God, the Lord God, merciful and gracious, long-suffering and abundant in goodness and truth." Psalms 103:6–8 [Ps. 103:1]: "The Lord executes righteousness and judgment for all that are oppressed. He made known his ways unto Moses, his acts unto the children of Israel. The Lord is merciful and gracious, slow to anger and plenteous in mercy." Psalms 103:17,18 [Ps. 103:2]: "But the mercy of the Lord is from everlasting to everlasting upon them that fear him, and his righteousness unto children's children, to such as keep his covenant and to those that remember his commandments to do them." Psalms 90:2 [Ps. 90:1]: "Before the mountains were brought forth, or ever you had formed the earth and the world, even from everlasting to everlasting, you are God." Hebrews 1:10–12 [Heb. 1:2]: "And you, Lord, in the beginning have laid the foundation of the earth

and the heavens are the works of your hands: they shall perish, but you shall remain; and they shall wax old as a garment, and as a vesture shall you fold them up, and they shall be changed, but you are the same and your years shall not fail." James 1:17 [Epistle of Jacob 1:5]: "Every good gift and every perfect gift is from above and comes down from the Father of Lights, with whom is no variableness, neither shadow of turning." Malachi 3:6 [Mal. 1:6]: "For I am the Lord, I change not; therefore, ye sons of Jacob are not consumed."

10. Book of Commandments, chapt. 2nd, commencing in the third line of the first paragraph [JSH 10:2]: "For God doth not walk in crooked paths, neither doth he turn to the right hand nor to the left, neither doth he vary from that which he hath said, therefore his paths are straight and his course is one eternal round." Book of Commandments, chapt. 37:1 [T&C 18:1]: "Listen to the voice of the Lord your God, even Alpha and Omega, the Beginning and the End, whose course is one eternal round, the same today as yesterday and for ever."

11. Numbers 23:19 [Num. 10:24]: "God is not a man that he should lie, neither the son of man that he should repent." 1 John 4:8 [1 John 1:19]: "He that loves not knows not God, for God is love." Acts 10:34 [Acts 6:7]: "Then Peter opened his mouth and said, Of a truth I perceive that God is no respecter of persons, but in every nation, he that fears God and works righteousness is accepted with him."

12. From the foregoing testimonies we learn the following things respecting the character of God:

13. First, that he was God before the world was created, and the same God that he was after it was created.

14. Secondly, that he is merciful and gracious, slow to anger, abundant in goodness, and that he was so from everlasting and will be to everlasting.

15. Thirdly, that he changes not, neither is there variableness with him, but that he is the same from everlasting to everlasting, being the same

yesterday, today, and for ever; and that his course is one eternal round, without variation.

16. Fourthly, that he is a God of truth and cannot lie.

17. Fifthly, that he is no respecter of persons, but in every nation he that fears God and works righteousness is accepted of him.

18. Sixthly, that he is love.

19. An acquaintance with these attributes in the divine character is essentially necessary in order that the faith of any rational being can center in him for life and salvation. For if he did not in the first instance believe him to be God, that is, the creator and upholder of all things, he could not center his faith in him for life and salvation, for fear there should be a greater than he who would thwart all his plans, and he, like the gods of the heathen, would be unable to fulfill his promises. But seeing he is God over all, from everlasting to everlasting, the creator and upholder of all things, no such fear can exist in the minds of those who put their trust in him, so that in this respect their faith can be without wavering.

20. But secondly: unless he was merciful and gracious, slow to anger, long-suffering, and full of goodness, such is the weakness of human nature and so great the frailties and imperfections of men that unless they believed that these excellencies existed in the divine character, the faith necessary to salvation could not exist. For doubt would take the place of faith, and those who know their weakness and liability to sin would be in constant doubt of salvation, if it were not for the idea which they have of the excellency of the character of God: that he is slow to anger, and long-suffering, and of a forgiving disposition, and does forgive iniquity, transgression, and sin. An idea of these facts does away doubt and makes faith exceedingly strong.

21. But it is equally as necessary that men should have the idea that he is a God who changes not in order to have faith in him as it is to have the idea that he is gracious and long-suffering. For without the idea of unchangeableness in the character of the Deity, doubt would take the

place of faith. But with the idea that he changes not, faith lays hold upon the excellencies in his character with unshaken confidence, believing he is the same yesterday, today, and for ever, and that his course is one eternal round.

22. And again, the idea that he is a God of truth and cannot lie is equally as necessary to the exercise of faith in him as the idea of his unchangeableness. For without the idea that he was a God of truth and could not lie, the confidence necessary to be placed in his word in order to the exercise of faith in him could not exist. But having the idea that he is not man that he can lie, it gives power to the minds of men to exercise faith in him.

23. But it is also necessary that men should have an idea that he is no respecter of persons, for with the idea of all the other excellencies in his character and this one wanting, men could not exercise faith in him; because if he were a respecter of persons, they could not tell what their privileges were, nor how far they were authorized to exercise faith in him, or whether they were authorized to do it at all; but all must be confusion. But no sooner are the minds of men made acquainted with the truth on this point — that he is no respecter of persons — than they see that they have authority by faith to lay hold on eternal life, the richest boon of Heaven, because God is no respecter of persons and that every man in every nation has an equal privilege.

24. And lastly, but not less important to the exercise of faith in God, is the idea that he is love, for with all the other excellencies in his character, without this one to influence them, they could not have such powerful dominion over the minds of men. But when the idea is planted in the mind that he is love, who cannot see the just ground that men of every nation, kindred, and tongue have to exercise faith in God so as to obtain eternal life?

25. From the above description of the character of the Deity which is given him in the revelations to men, there is a sure foundation for the

exercise of faith in him among every people, nation, and kindred, from age to age, and from generation to generation.

26. Let us here observe that the foregoing is the character which is given of God in his revelations to the Former Day Saints, and it is also the character which is given of him in his revelations to the Latter Day Saints, so that the saints of former days and those of latter days are both alike in this respect; the "Latter Day Saints" having as good grounds to exercise faith in God as the former day saints had because the same character is given of him to both.

Questions and Answers on the Foregoing Principles

27. Question 1: What was shown in the second lecture?
Answer: It was shown how the knowledge of the existence of God came into the world. (¶1.)

28. Question 2: What is the effect of the idea of his existence among men?
A: It lays the foundation for the exercise of faith in him. (¶1.)

29. Question 3: Is the idea of his existence, in the first instance, necessary in order for the exercise of faith in him?
A: It is. (¶1.)

30. Question 4: How do you prove it?
A: Romans 10:14 [Rom. 1:49]. (¶1.)

31. Question 5: How many things are necessary for us to understand, respecting the Deity and our relation to him, in order that we may exercise faith in him for life and salvation?
A: Three. (¶2.)

32. Question 6: What are they?
A: First, that God does actually exist. Secondly, correct ideas of his character, his perfections, and attributes. And thirdly, that the course which we pursue is according to his mind and will. (¶¶3–5.)

33. Question 7: Would the idea of any one or two of the above-mentioned things enable a person to exercise faith in God?

A: It would not, for without the idea of them all, faith would be imperfect and unproductive. (¶5.)

34. Question 8: Would an idea of these three things lay a sure foundation for the exercise of faith in God so as to obtain life and salvation?

A: It would, for by the idea of these three things, faith could become perfect and fruitful, abounding in righteousness unto the praise and glory of God. (¶5.)

35. Question 9: How are we to be made acquainted with the before-mentioned things respecting the Deity, and respecting ourselves?

A: By revelation. (¶6.)

36. Question 10: Could these things be found out by any other means than by revelation?

A: They could not.

37. Question 11: How do you prove it?

A: By the scriptures: Job 11:7–9 [Job 5:2]; 1 Corinthians 2:9–11 [1 Cor. 1:8]. (¶7.)

38. Question 12: What things do we learn in the revelations of God respecting his character?

A: We learn the six following things: First, that he was God before the world was created and the same God that he was after it was created. Secondly, that he is merciful and gracious, slow to anger, abundant in goodness, and that he was so from everlasting, and will be so to everlasting. Thirdly, that he changes not, neither is there variableness with him, and that his course is one eternal round. Fourthly, that he is a God of truth and cannot lie. Fifthly, that he is no respecter of persons. And sixthly, that he is love. (¶¶12–18.)

39. Question 13: Where do you find the revelations which give us this idea of the character of the Deity?

A: In the Bible and Book of Commandments, and they are quoted in the third lecture. (¶¶9–11.)

40. Question 14: What effect would it have on any rational being not to have an idea that the Lord was God, the creator and upholder of all things?
A: It would prevent him from exercising faith in him unto life and salvation.

41. Question 15: Why would it prevent him from exercising faith in God?
A: Because he would be as the heathen, not knowing but there might be a being greater and more powerful than he, and thereby he be prevented from fulfilling his promises. (¶19.)

42. Question 16: Does this idea prevent this doubt?
A: It does, for persons having this idea are enabled thereby to exercise faith without this doubt. (¶19.)

43. Question 17: Is it not also necessary to have the idea that God is merciful and gracious, long-suffering and full of goodness?
A: It is. (¶20.)

44. Question 18: Why is it necessary?
A: Because of the weakness and imperfections of human nature and the great frailties of man; for such is the weakness of man and such his frailties that he is liable to sin continually, and if God were not long-suffering and full of compassion, gracious and merciful, and of a forgiving disposition, man would be cut off from before him, in consequence of which he would be in continual doubt and could not exercise faith: for where doubt is, there faith has no power. But by man's believing that God is full of compassion and forgiveness, long-suffering and slow to anger, he can exercise faith in him and overcome doubt so as to be exceedingly strong. (¶20.)

45. Question 19: Is it not equally as necessary that man should have an idea that God changes not, neither is there variableness with him, in order to exercise faith in him unto life and salvation?

A: It is, because without this, he would not know how soon the mercy of God might change into cruelty, his long-suffering into rashness, his love into hatred, and in consequence of which doubt man would be incapable of exercising faith in him. But having the idea that he is unchangeable, man can have faith in him continually, believing that what he was yesterday he is today and will be for ever. (¶21.)

46. Question 20: Is it not necessary also for men to have an idea that God is a being of truth before they can have perfect faith in him?

A: It is, for unless men have this idea, they cannot place confidence in his word, and not being able to place confidence in his word, they could not have faith in him. But believing that he is a God of truth and that his word cannot fail, their faith can rest in him without doubt. (¶22.)

47. Question 21: Could man exercise faith in God so as to obtain eternal life unless he believed that God was no respecter of persons?

A: He could not, because without this idea he could not certainly know that it was his privilege so to do, and in consequence of this doubt his faith could not be sufficiently strong to save him. (¶23.)

48. Question 22: Would it be possible for a man to exercise faith in God so as to be saved unless he had an idea that God was love?

A: He could not, because man could not love God unless he had an idea that God was love, and if he did not love God, he could not have faith in him. (¶24.)

49. Question 23: What is the description, which the sacred writers give of the character of the Deity, calculated to do?

A: It is calculated to lay a foundation for the exercise of faith in him, as far as the knowledge extends among all people, tongues, languages, kindreds, and nations, and that from age to age and from generation to generation. (¶25.)

50. Question 24: Is the character which God has given of himself uniform?

A: It is, in all his revelations, whether to the Former Day Saints or to the Latter Day Saints, so that they all have the authority to exercise faith in him and to expect by the exercise of their faith to enjoy the same blessings. (¶26.)

LECTURE FOURTH

Of Faith

1. Having shown in the third lecture that correct ideas of the character of God are necessary in order to the exercise of faith in him unto life and salvation, and that without correct ideas of his character, the minds of men could not have sufficient power with God to the exercise of faith necessary to the enjoyment of eternal life, and that correct ideas of his character lay a foundation, as far as his character is concerned, for the exercise of faith so as to enjoy the fullness of the blessing of the gospel of Jesus Christ, even that of Eternal glory, we shall now proceed to show the connection there is between correct ideas of the attributes of God and the exercise of faith in him unto eternal life.

2. Let us here observe that the real design which the God of Heaven had in view in making the human family acquainted with his attributes was that they, through the ideas of the existence of his attributes, might be enabled to exercise faith in him, and through the exercise of faith in him might obtain eternal life. For without the idea of the existence of the attributes which belong to God, the minds of men could not have power to exercise faith on him so as to lay hold upon eternal life. The God of Heaven, understanding most perfectly the constitution of human nature and the weakness of man, knew what was necessary to be revealed and what ideas must be planted in their minds in order that they might be enabled to exercise faith in him unto eternal life.

3. Having said so much, we shall proceed to examine the attributes of God as set forth in his revelations to the human family, and to show how necessary correct ideas of his attributes are to enable men to exercise faith in him. For without these ideas being planted in the minds of men, it would be out of the power of any person or persons to exercise faith in God so as to obtain eternal life. So that the divine communications made to man in the first instance were designed to establish in their minds the

ideas necessary to enable them to exercise faith in God, and through this means to be partakers of his glory.

4. We have, in the revelations which he has given to the human family, the following account of his attributes:

5. First, knowledge. Acts 15:18 [Acts 9:8]: "Known unto God are all his works from the beginning of the world." Isaiah 46:9,10 [Isa. 15:21]: "Remember the former things of old, for I am God and there is none else; I am God, and there is none like me, declaring the end from the beginning and from ancient time the things that are not yet done, saying, My counsel shall stand and I will do all my pleasure."

6. Secondly, faith, or power. Hebrews 11:3 [Heb. 1:36]: "Through faith we understand that the worlds were framed by the word of God." Genesis 1:1 [Gen. 2:2]: "In the beginning God created the heaven and the earth." Isaiah 14:24,27 [Isa. 6:7]: "The Lord of Hosts has sworn, saying, Surely as I have thought, so shall it come to pass, and as I have purposed, so shall it stand. For the Lord of Hosts has purposed, and who shall disannul it? And his hand is stretched out, and who shall turn it back?"

7. Thirdly, justice. Psalms 89:14 [Ps. 89:3]: "Justice and judgment are the habitation of thy throne." Isaiah 45:21 [Isa. 15:19]: "Tell ye, and bring them near, yea, let them take counsel together: who has declared this from the ancient time? Have not I the Lord? And there is no God else beside me, a just God and a Savior." Zephaniah 3:5 [Zeph. 1:10]: "The just Lord is in the midst thereof." Zechariah 9:9 [Zech. 1:26]: "Rejoice greatly, O daughter of Zion, shout, O daughter of Jerusalem: behold, thy king comes unto thee; he is just and having salvation."

8. Fourthly, judgment. Psalms 89:14 [Ps. 89:3]: "Justice and judgment are the habitation of thy throne." Deuteronomy 32:4 [Deut. 9:14]: "He is the Rock, his work is perfect; for all his ways are judgment: a God of truth and without iniquity, just and right is he." Psalms 9:7 [Ps. 9:2]: "But the Lord shall endure for ever: he has prepared his throne for judgment."

Psalms 9:16 [Ps. 9:4]: "The Lord is known by the judgment which he executes."

9. Fifthly, mercy. Psalms 89:15 [Ps. 89:3]: "Mercy and truth shall go before his face." Exodus 34:6 [Ex. 18:6]: "And the Lord passed by before him and proclaimed, The Lord, the Lord God, merciful and gracious." Nehemiah 9:17 [Neh. 2:36]: "But thou art a God ready to pardon, gracious and merciful."

10. And sixthly, truth. Psalms 89:14 [Ps. 89:3]: "Mercy and truth shall go before thy face." Exodus 34:6 [Ex. 18:6]: "Long-suffering and abundant in goodness and truth." Deuteronomy 32:4 [Deut. 9:14]: "He is the Rock, his work is perfect; for all his ways are judgment: a God of truth and without iniquity, just and right is he." Psalms 31:5 [Ps. 31:1]: "Into thy hand I commit my spirit: thou hast redeemed me, O Lord God of truth."

11. By a little reflection it will be seen that the idea of the existence of these attributes in the Deity is necessary to enable any rational being to exercise faith in him. For without the idea of the existence of these attributes in the Deity men could not exercise faith in him for life and salvation, seeing that without the knowledge of all things, God would not be able to save any portion of his creatures. For it is by reason of the knowledge which he has of all things, from the beginning to the end, that enables him to give that understanding to his creatures, by which they are made partakers of eternal life; and if it were not for the idea existing in the minds of men that God had all knowledge, it would be impossible for them to exercise faith in him.

12. And it is not less necessary that men should have the idea of the existence of the attribute power in the Deity. For unless God had power over all things and was able, by his power, to control all things and thereby deliver his creatures who put their trust in him from the power of all beings that might seek their destruction, whether in Heaven, on earth or in hell, men could not be saved. But with the idea of the existence of this attribute planted in the mind, men feel as though they had nothing to

fear, who put their trust in God, believing that he has power to save all who come to him to the very uttermost.

13. It is also necessary, in order to the exercise of faith in God unto life and salvation, that men should have the idea of the existence of the attribute justice in him. For without the idea of the existence of the attribute justice in the Deity, men could not have confidence sufficiently to place themselves under his guidance and direction, for they would be filled with fear and doubt, lest the Judge of all the earth would not do right; and thus fear, or doubt, existing in the mind, would preclude the possibility of the exercise of faith in him for life and salvation. But when the idea of the existence of the attribute justice in the Deity is fairly planted in the mind, it leaves no room for doubt to get into the heart, and the mind is enabled to cast itself upon the Almighty without fear, and without doubt, and with most unshaken confidence, believing that the Judge of all the earth will do right.

14. It is also of equal importance that men should have the idea of the existence of the attribute judgment in God in order that they may exercise faith in him for life and salvation, for without the idea of the existence of this attribute in the Deity, it would be impossible for men to exercise faith in him for life and salvation, seeing that it is through the exercise of this attribute that the faithful in Christ Jesus are delivered out of the hands of those who seek their destruction. For if God were not to come out in swift judgment against the workers of iniquity and the powers of darkness, his saints could not be saved, for it is by judgment that the Lord delivers his saints out of the hands of all their enemies and those who reject the gospel of our Lord Jesus Christ. But no sooner is the idea of the existence of this attribute planted in the minds of men than it gives power to the mind for the exercise of faith and confidence in God and they are enabled, by faith, to lay hold on the promises which are set before them and wade through all the tribulations and afflictions to which they are subjected by reason of the persecution from those who know not God and obey not the gospel of

our Lord Jesus Christ; believing that in due time the Lord will come out in swift judgment against their enemies, and they shall be cut off from before him, and that in his own due time he will bear them off conquerors and more than conquerors in all things.

15. And again, it is equally important that men should have the idea of the existence of the attribute mercy in the Deity in order to exercise faith in him for life and salvation. For without the idea of the existence of this attribute in the Deity, the spirits of the saints would faint in the midst of the tribulations, afflictions, and persecutions which they have to endure for righteousness' sake. But when the idea of the existence of this attribute is once established in the mind, it gives life and energy to the spirits of the saints, believing that the mercy of God will be poured out upon them in the midst of their afflictions, and that he will compassionate them in their sufferings, and that the mercy of God will lay hold of them and secure them in the arms of his love so that they will receive a full reward for all their sufferings.

16. And lastly, but not less important to the exercise of faith in God, is the idea of the existence of the attribute truth in him. For without the idea of the existence of this attribute the mind of man could have nothing upon which it could rest with certainty; all would be confusion and doubt. But with the idea of the existence of this attribute in the Deity in the mind, all the teachings, instructions, promises, and blessings become realities, and the mind is enabled to lay hold of them with certainty and confidence, believing that these things, and all that the Lord has said, shall be fulfilled in their time, and that all the cursings, denunciations, and judgments pronounced upon the heads of the unrighteous will also be executed in due time of the Lord. And by reason of the truth and veracity of him, the mind beholds its deliverance and salvation as being certain.

17. Let the mind once reflect sincerely and candidly upon the ideas of the existence of the before-mentioned attributes in the Deity and it will be seen that, as far as his attributes are concerned, there is a sure foundation

laid for the exercise of faith in him for life and salvation. For inasmuch as God possesses the attribute knowledge, he can make all things known to his saints necessary for their salvation. And as he possesses the attribute power, he is able thereby to deliver them from the power of all enemies. And seeing also that justice is an attribute of the Deity, he will deal with them upon the principles of righteousness and equity, and a just reward will be granted unto them for all their afflictions and sufferings for the truth's sake. And as judgment is an attribute of the Deity also, his saints can have the most unshaken confidence that they will, in due time, obtain a perfect deliverance out of the hands of all their enemies and a complete victory over all those who have sought their hurt and destruction. And as mercy is also an attribute of the Deity, his saints can have confidence that it will be exercised toward them, and through the exercise of that attribute toward them, comfort and consolation will be administered unto them abundantly amid all their afflictions and tribulations. And lastly, realizing that truth is an attribute of the Deity, the mind is led to rejoice amid all its trials and temptations, in hope of that glory which is to be brought at the revelation of Jesus Christ, and in view of that crown which is to be placed upon the heads of the saints in the day when the Lord shall distribute rewards unto them, and in prospect of that Eternal weight of glory which the Lord has promised to bestow upon them when he shall bring them into the midst of his throne to dwell in his presence eternally.

18. In view, then, of the existence of these attributes, the faith of the saints can become exceedingly strong, abounding in righteousness unto the praise and glory of God, and can exert its mighty influence in searching after wisdom and understanding until it has obtained a knowledge of all things that pertain to life and salvation.

19. Such, then, is the foundation which is laid through the revelation of the attributes of God for the exercise of faith in him for life and salvation, and seeing that these are attributes of the Deity, they are unchangeable—being the same yesterday, today, and for ever—which gives

to the minds of the Latter Day Saints the same power and authority to exercise faith in God which the Former Day Saints had, so that all the saints, in this respect, have been, are, and will be alike until the end of time, for God never changes, therefore his attributes and character remain for ever the same. And as it is through the revelation of these that a foundation is laid for the exercise of faith in God unto life and salvation, the foundation, therefore, for the exercise of faith was, is, and ever will be the same, so that all men have had and will have an equal privilege.

Questions and Answers on the Foregoing Principles

20. Question 1: What was shown in the third lecture?
Answer: It was shown that correct ideas of the character of God are necessary in order to exercise faith in him unto life and salvation, and that without correct ideas of his character, men could not have power to exercise faith in him unto life and salvation, but that correct ideas of his character, as far as his character is concerned in the exercise of faith in him, lay a sure foundation for the exercise of it. (¶1.)

21. Question 2: What object had the God of Heaven in revealing his attributes to men?
A: That through an acquaintance with his attributes they might be enabled to exercise faith in him so as to obtain eternal life. (¶2.)

22. Question 3: Could men exercise faith in God without an acquaintance with his attributes so as to be enabled to lay hold of eternal life?
A: They could not. (¶¶2, 3.)

23. Question 4: What account is given of the attributes of God in his revelations?
A: First, knowledge, secondly, faith, or power, thirdly, justice, fourthly, judgment, fifthly, mercy, and sixthly truth. (¶¶4–10.)

24. Question 5: Where are the revelations to be found which give this relation of the attributes of God?

A: In the Old and New Testaments, and they are quoted in the fourth lecture, fifth, sixth, seventh, eighth, ninth, and tenth paragraphs.*

25. Question 6: Is the idea of the existence of those attributes in the Deity necessary in order to enable any rational being to exercise faith in him unto life and salvation?

A: It is.

26. Question 7: How do you prove it?

A: By the eleventh, twelfth, thirteenth, fourteenth, fifteenth, and sixteenth paragraphs in this lecture.*

27. Question 8: Does the idea of the existence of these attributes in the Deity, as far as his attributes are concerned, enable a rational being to exercise faith in him unto life and salvation?

A: It does.

28. Question 9: How do you prove it?

A: By the seventeenth and eighteenth paragraphs.*

29. Question 10: Have the Latter Day Saints as much authority given them, through the revelation of the attributes of God, to exercise faith in him as the Former Day Saints had?

A: They have.

30. Question 11: How do you prove it?

A: By the nineteenth paragraph of this lecture.*

* Let the student turn and commit those paragraphs to memory.

LECTURE FIFTH

Of Faith

1. In our former lectures we treated of the being, character, perfections, and attributes of God. What we mean by perfections is: the perfections which belong to all the attributes of his nature. We shall, in this lecture, speak of the Godhead: we mean the Father, Son, and holy spirit.

2. There are two personages who constitute the great matchless, governing, and supreme power over all things — by whom all things were created and made, that are created and made, whether visible or invisible, whether in Heaven, on earth, or in the earth, under the earth, or throughout the immensity of space — they are the Father and the Son: the Father being a personage of spirit, glory, and power: possessing all perfection and fullness; the Son, who was in the bosom of the Father, a personage of tabernacle, made or fashioned like unto man, or being in the form and likeness of man, or rather, man was formed after his likeness and in his image — he is also the express image and likeness of the personage of the Father, possessing all the fullness of the Father, or the same fullness with the Father, being begotten of him, and was ordained from before the foundation of the world to be a propitiation for the sins of all those who should believe on his name, and is called the Son because of the flesh — and descended in suffering below that which man can suffer, or in other words, suffered greater sufferings and was exposed to more powerful contradictions than any man can be. But notwithstanding all this, he kept the law of God and remained without sin, showing thereby that it is in the power of man to keep the law and remain also without sin. And also, that by him a righteous judgment might come upon all flesh, and that all who walk not in the law of God may justly be condemned by the law and have no excuse for their sins. And he being the Only Begotten of the Father, full of grace and truth, and having overcome, received a fullness of the glory of the Father — possessing the same mind with the Father, which mind is the

holy spirit that bears record of the Father and the Son, and these three are one, or in other words, these three constitute the great matchless, governing, and supreme power over all things, by whom all things were created and made that were created and made. And these three constitute the Godhead and are one: the Father and the Son possessing the same mind, the same wisdom, glory, power, and fullness, filling all in all — the Son being filled with the fullness of the mind, glory, and power, or in other words, the spirit, glory, and power of the Father — possessing all knowledge and glory, and the same kingdom: sitting at the right hand of power, in the express image and likeness of the Father — a mediator for man — being filled with the fullness of the mind of the Father, or in other words, the spirit of the Father, which spirit is shed forth upon all who believe on his name and keep his commandments. And all those who keep his commandments shall grow up from grace to grace and become heirs of the Heavenly kingdom and joint-heirs with Jesus Christ, possessing the same mind, being transformed into the same image or likeness, even the express image of him who fills all in all: being filled with the fullness of his glory, and become one in him, even as the Father, Son, and holy spirit are one.

3. From the foregoing account of the Godhead which is given in his revelations, the saints have a sure foundation laid for the exercise of faith unto life and salvation through the atonement and mediation of Jesus Christ, by whose blood they have a forgiveness of sins and also a sure reward laid up for them in Heaven, even that of partaking of the fullness of the Father and the Son through the spirit. As the Son partakes of the fullness of the Father through the spirit, so the saints are, by the same spirit, to be partakers of the same fullness, to enjoy the same glory, for as the Father and the Son are one, so in like manner the saints are to be one in them: through the love of the Father, the mediation of Jesus Christ, and the gift of the holy spirit they are to be heirs of God and joint-heirs with Jesus Christ.

Questions and Answers on the Foregoing Principles

4. Question 1: Of what do the foregoing lectures treat?
Answer: Of the being, perfections, and attributes of the Deity. (¶1.)

5. Question 2: What are we to understand by the perfections of the Deity?
A: The perfections which belong to his attributes.

6. Question 3: How many personages are there in the Godhead?
A: Two: the Father and the Son. (¶1.)

7. Question 4: How do you prove that there are two personages in the Godhead?
A: By the Scriptures: Genesis 1:26 [Gen. 2:8]: "And the Lord God said unto the Only Begotten, who was with him from the beginning, Let us make man in our image, after our likeness — and it was done." Genesis 3:22 [Gen. 2:19]: "And the Lord God said unto the Only Begotten, Behold, the man is become as one of us: to know good and evil." John 17:5 [John 9:19]: "And now, O Father, glorify thou me with thine own self with the glory which I had with thee before the world was." (¶2.)

8. Question 5: What is the Father?
A: He is a personage of glory and of power. (¶2.)

9. Question 6: How do you prove that the Father is a personage of glory and of power?
A: Isaiah 60:19 [Isa. 22:1]: "The sun shall be no more thy light by day, neither for brightness shall the moon give light unto thee: but the Lord shall be unto thee an everlasting light, and thy God thy glory." 1 Chronicles 29:11 [1 Chr. 12:12]: "Thine, O Lord, is the greatness, and the power, and the glory." Psalms 29:3 [Ps. 29:1]: "The voice of the Lord is upon the waters: the God of glory thunders." Psalms 79:9 [Ps. 79:3]: "Help us, O God of our salvation, for the glory of thy name."

Romans 1:23 [Rom. 1:4]: "And changed the glory of the incorruptible God into an image made like to corruptible men."

10. Secondly, of power. 1 Chronicles 29:11 [1 Chr. 12:12]: "Thine, O Lord, is the greatness, and the power, and the glory." Jeremiah 32:17 [Jer. 13:3]: "Ah! Lord God, behold, thou hast made the earth and the heavens by thy great power and stretched-out arm; and there is nothing too hard for thee." Deuteronomy 4:37 [Deut. 2:7]: "And because he loved thy fathers, therefore he chose their seed after them and brought them out in his sight with his mighty power." 2 Samuel 22:33 [2 Sam. 10:9]: "God is my strength and power." Job 26:7–14 [Job 10: 3–4]: "He stretches out the north over the empty place, and hangs the earth upon nothing. He binds up the waters in his thick clouds and the cloud is not rent under them. He holds back the face of his throne and spreads his cloud upon it. He has compassed the waters with bounds until the day and night come to an end. The Pillars of Heaven tremble and are astonished at his reproof. He divides the sea with his power and by his understanding he smites through the proud. By his spirit he has garnished the heavens; his hand has formed the crooked serpent. Lo, these are parts of his ways, but how little a portion is heard of him? But the thunder of his power, who can understand?"

11. Question 7: What is the Son?

A: First, He is a personage of tabernacle. (¶2.)

12. Question 8: How do you prove it?

A: John 14:9–11 [John 9:7]: "Jesus says unto him, Have I been so long time with you and yet have you not known me, Philip? He that has seen me has seen the Father. And how do you say then, Show us the Father? Do you not believe that I am in the Father and the Father in me? The words that I speak unto you I speak not of myself, but the Father that dwells in me. He does the works. Believe me that I am in the Father and the Father in me."

13. Secondly, and being a personage of tabernacle was made or fashioned like unto man, or being in the form and likeness of man. (¶2.) Philippians 2:5–8 [Phil. 1:7]: "Let this mind be in you which was also in Christ Jesus, who, being in the form of God, thought it not robbery to be equal with God, but made himself of no reputation, and took upon him the form of a servant, and was made in the likeness of man. And being found in fashion as a man, he humbled himself and became obedient unto death, even the death of the cross." Hebrews 2:14, 16 [Heb. 1:5]: "Forasmuch then as the children are partakers of flesh and blood, he also himself likewise took part of the same. For verily he took not on him the nature of angels, but he took on him the seed of Abraham."

14. Thirdly, he is also in the likeness of the personage of the Father. (¶2.) Hebrews 1:1–3 [Heb. 1:1]: "God, who at sundry times and in divers manners spake in time past to the fathers by the prophets, has in these last days spoken unto us by his Son, whom he has appointed heir of all things, by whom also he made the worlds, who being the brightness of his glory and the express image of his person." Again, Philippians 2:5–6 [Phil. 1:7]: "Let this mind be in you which was also in Christ Jesus, who, being in the form of God, thought it not robbery to be equal with God."

15. Question 9: Was it by the Father and the Son that all things were created and made that were created and made?
A: It was. Colossians 1:15–17 [Col. 1:3–4]: "Who is the image of the invisible God, the firstborn of every creature, for by him were all things created that are in heaven, and that are in earth, visible and invisible, whether they be thrones, or dominions, principalities, or powers. All things were created by him and for him, and he is before all things, and by him all things consist." Genesis 1:1 [Gen. 2:2]: "In the beginning God created the heavens and the earth." Hebrews 1:2 [Heb. 1:1]: "God has in these last days spoken unto us by his Son, whom he has appointed heir of all things, by whom also he made the worlds."

16. Question 10: Does he possess the fullness of the Father?

A: He does. Colossians 1:19 [Col. 1:4]: "For it pleased the Father that in him should all fullness dwell." Colossians 2:9 [Col. 1:7]: "For in him dwells all the fullness of the Godhead bodily." Ephesians 1:23 [Eph. 1:3]: "Which is his [Christ's] body, the fullness of him that fills all in all."

17. Question 11: Why was he called the Son?

A: Because of the flesh. Luke 1:35 [Luke 1:6]: "That holy thing which shall be born of thee shall be called the Son of God." Matthew 3:16–17 [Matt. 2:4]: "And Jesus, when he was baptized, went up straightway out of the water. And lo, the Heavens were opened unto him, and he (John) saw the spirit of God descending like a dove and lighting upon him, and lo, a voice from Heaven saying, This is my Beloved Son, in whom I am well pleased."

18. Question 12: Was he ordained of the Father, from before the foundation of the world, to be a propitiation for the sins of all those who should believe on his name?

A: He was. 1 Peter 1:18–20 [1 Pet. 1:4]: "For as much as you know that you were not redeemed with corruptible things, as silver and gold, from your vain conversation (received by tradition from your fathers), but with the precious blood of Christ, as of a lamb without blemish and without spot, who verily was foreordained before the foundation of the world, but was manifested in these last times for you." Revelation 13:8 [Rev. 4:8]: "And all that dwell upon the earth shall worship him [the beast] whose names are not written in the book of life of the Lamb slain from the foundation of the world." 1 Corinthians 2:7 [1 Cor. 1:7]: "But we speak the wisdom of God in a mystery, even the hidden mystery which God ordained before the world unto our glory."

19. Question 13: Do the Father and the Son possess the same mind?

A: They do. John 5:30 [John 5:5]: "I (Christ) can of my own self do nothing. As I hear, I judge, and my judgment is just, because I seek not my own will, but the will of the Father who sent me." John 6:38 [John 5:14]: "For I (Christ) came down from Heaven not to do my own will, but the will of him that sent me." John 10:30 [John 6:29]: "I (Christ) and my Father are one."

20. Question 14: What is this mind?
A: The holy spirit. John 15:26 [John 9:13]: "But when the Comforter is come, whom I will send unto you from the Father, even the spirit of truth which proceeds from the Father, he shall testify of me (Christ)." Galatians 4:6 [Gal. 1:13]: "And because you are sons, God has sent forth the spirit of his Son into your hearts."

21. Question 15: Do the Father, Son, and holy spirit constitute the Godhead?
A: They do. (¶2.) Let the student commit this paragraph to memory.

22. Question 16: Does the believer in Christ Jesus, through the gift of the spirit, become one with the Father and the Son, as the Father and the Son are one?
A: They do. John 17:20–21 [John 9:21]: "Neither pray I for these [the apostles] alone, but for them also who shall believe on me through their word, that they all may be one as thou, Father, art in me, and I in thee, that they also may be one in us, that the world may believe that thou hast sent me."

23. Question 17: Does the foregoing account of the Godhead lay a sure foundation for the exercise of faith in him unto life and salvation?
A: It does.

24. Question 18: How do you prove it?
A: By the third paragraph of this lecture.

Let the student commit this also.

LECTURE SIXTH

Of Faith

1. Having treated, in the preceding lectures, of the ideas of the character, perfections, and attributes of God, we next proceed to treat of the knowledge which persons must have that the course of life which they pursue is according to the will of God, in order that they may be enabled to exercise faith in him unto life and salvation.

2. This knowledge supplies an important place in revealed religion, for it was by reason of it that the ancients were enabled to endure as seeing him who is invisible. An actual knowledge to any person that the course of life which he pursues is according to the will of God is essentially necessary to enable him to have that confidence in God, without which no person can obtain eternal life. It was this that enabled the ancient saints to endure all their afflictions and persecutions and to take joyfully the spoiling of their goods, knowing (not believing merely) that they had a more enduring substance (Hebrews 10:34) [Heb. 1:34].

3. Having the assurance that they were pursuing a course which was agreeable to the will of God, they were enabled to take not only the spoiling of their goods and the wasting of their substance joyfully, but also to suffer death in its most horrid forms, knowing (not merely believing) that when this earthly house of their tabernacle was dissolved, they had a building of God, a house not made with hands, eternal in the Heavens (2 Corinthians 5:1) [2 Cor. 1:15].

4. Such was and always will be the situation of the saints of God: that unless they have an actual knowledge that the course that they are pursuing is according to the will of God, they will grow weary in their minds and faint, for such has been and always will be the opposition in the hearts of unbelievers and those that know not God, against the pure and unadulterated religion of Heaven (the only thing which ensures eternal life), that they will persecute to the uttermost all that worship God

according to his revelations, receive the truth in the love of it, and submit themselves to be guided and directed by his will, and drive them to such extremities that nothing short of an actual knowledge of their being the favorites of Heaven, and of their having embraced that order of things which God has established for the redemption of man, will enable them to exercise that confidence in him necessary for them to overcome the world and obtain that crown of glory which is laid up for them that fear God.

5. For a man to lay down his all, his character and reputation, his honor and applause, his good name among men, his houses, his lands, his brothers and sisters, his wife and children, and even his own life also, counting all things but filth and dross for the excellency of the knowledge of Jesus Christ, requires more than mere belief, or supposition that he is doing the will of God, but actual knowledge, realizing that when these sufferings are ended he will enter into Eternal rest and be a partaker of the glory of God.

6. For unless a person does know that he is walking according to the will of God, it would be offering an insult to the dignity of the Creator were he to say that he would be a partaker of his glory when he should be done with the things of this life. But when he has this knowledge, and most assuredly knows that he is doing the will of God, his confidence can be equally strong that he will be a partaker of the glory of God.

7. Let us here observe that a religion that does not require the sacrifice of all things never has power sufficient to produce the faith necessary unto life and salvation. For from the first existence of man, the faith necessary unto the enjoyment of life and salvation never could be obtained without the sacrifice of all earthly things: it was through this sacrifice, and this only, that God has ordained that men should enjoy eternal life, and it is through the medium of the sacrifice of all earthly things that men do actually know that they are doing the things that are well pleasing in the sight of God. When a man has offered in sacrifice all that he has for the truth's sake, not even withholding his life, and believing before God that

he has been called to make this sacrifice because he seeks to do his will, he does know most assuredly that God does and will accept his sacrifice and offering, and that he has not nor will not seek his face in vain. Under these circumstances, then, he can obtain the faith necessary for him to lay hold on eternal life.

8. It is in vain for persons to fancy to themselves that they are heirs with those, or can be heirs with them, who have offered their all in sacrifice, and by this means obtained faith in God and favor with him so as to obtain eternal life, unless they in like manner offer unto him the same sacrifice, and through that offering obtain the knowledge that they are accepted of him.

9. It was in offering sacrifices that Abel, the first martyr, obtained knowledge that he was accepted of God. And from the days of righteous Abel to the present time, the knowledge that men have that they are accepted in the sight of God is obtained by offering sacrifice. And in the last days, before the Lord comes, he is to gather together his saints who have made a covenant with him by sacrifice. Psalms 50:3–5 [Ps. 50:1]: "Our God shall come and shall not keep silence. A fire shall devour before him and it shall be very tempestuous round about him. He shall call to the heavens from above and to the earth that he may judge his people. Gather my saints together unto me, those that have made a covenant unto me by sacrifice."

10. Those, then, who make the sacrifice will have the testimony that their course is pleasing in the sight of God, and those who have this testimony will have faith to lay hold on eternal life and will be enabled, through faith, to endure unto the end and receive the crown that is laid up for them that love the appearing of our Lord Jesus Christ. But those who do not make the sacrifice cannot enjoy this faith because men are dependent upon this sacrifice in order to obtain this faith, therefore they cannot lay hold upon eternal life because the revelations of God do not

guarantee unto them the authority so to do, and without this guarantee faith could not exist.

11. All the saints of whom we have account in all the revelations of God which are extant obtained the knowledge which they had of their acceptance in his sight through the sacrifice which they offered unto him, and through the knowledge thus obtained, their faith became sufficiently strong to lay hold upon the promise of eternal life, and to endure as seeing him who is invisible, and were enabled through faith to combat the powers of darkness, contend against the wiles of the adversary, overcome the world, and obtain the end of their faith, even the salvation of their souls.

12. But those who have not made this sacrifice to God do not know that the course which they pursue is well-pleasing in his sight, for whatever may be their belief or their opinion, it is a matter of doubt and uncertainty in their mind, and where doubt and uncertainty is, there faith is not, nor can it be. For doubt and faith do not exist in the same person at the same time. So that persons whose minds are under doubts and fears cannot have unshaken confidence, and where unshaken confidence is not, there faith is weak, and where faith is weak, the persons will not be able to contend against all the opposition, tribulations, and afflictions which they will have to encounter in order to be heirs of God and joint-heirs with Christ Jesus, and they will grow weary in their minds, and the adversary will have power over them and destroy them.

13. This lecture is so plain, and the facts set forth so self-evident, that it is deemed unnecessary to form a catechism upon it. The student is therefore instructed to commit the whole to memory.

LECTURE SEVENTH

Of Faith

1. In the preceding lectures we treated of what faith was and of the object on which it rested; agreeably to our plan we now proceed to speak of its effects:

2. As we have seen in our former lectures, that faith was the principle of action and of power in all intelligent beings, both in Heaven and on earth, it will not be expected that we will, in a lecture of this description, attempt to unfold all its effects; neither is it necessary to our purpose so to do, for it would embrace all things in Heaven and on earth, and encompass all the creations of God with all their endless varieties. For no world has yet been framed that was not framed by faith, neither has there been an intelligent being on any of God's creations who did not get there by reason of faith as it existed in himself or in some other being, nor has there been a change or a revolution in any of the creations of God but it has been effected by faith. Neither will there be a change or a revolution unless it is effected in the same way in any of the vast creations of the Almighty, for it is by faith that the Deity works.

3. Let us here offer some explanation in relation to faith that our meaning may be clearly comprehended. We ask, then: What are we to understand by a man's working by faith? We answer: We understand that when a man works by faith, he works by mental exertion instead of physical force; it is by words, instead of exerting his physical powers with which every being works, when he works by faith — God said, Let there be light, and there was light — Joshua spake and the great lights which God had created stood still — Elijah commanded and the heavens were stayed for the space of three years and six months so that it did not rain; he again commanded and the heavens gave forth rain—all this was done by faith; and the Savior says, If you have faith as a grain of mustard seed, say to this mountain, Remove — and it will remove, or say to that

sycamine tree, Be ye plucked up and planted in the midst of the sea —
and it shall obey you. Faith, then, works by words, and with these its
mightiest works have been and will be performed.

4. It surely will not be required of us to prove that this is the principle
upon which all eternity has acted and will act, for every reflecting mind
must know that it is by reason of this power that all the hosts of Heaven
perform their works of wonder, majesty, and glory: Angels move from
place to place by virtue of this power — it is by reason of it that they are
enabled to descend from Heaven to earth. And were it not for the power
of faith, they never could be ministering spirits to them who should be
heirs of salvation, neither could they act as Heavenly messengers, for they
would be destitute of the power necessary to enable them to do the will of
God.

5. It is only necessary for us to say that the whole visible creation, as it
now exists, is the effect of faith — it was faith by which it was framed, and
it is by the power of faith that it continues in its organized form, and by
which the planets move round their orbits and sparkle forth their glory. So
then faith is truly the first principle in the science of theology, and when
understood, leads the mind back to the beginning and carries it forward to
the end, or in other words, from eternity to eternity.

6. As faith, then, is the principle by which the Heavenly hosts perform
their works and by which they enjoy all their felicity, we might expect to
find it set forth in a revelation from God as the principle upon which his
creatures here below must act in order to obtain the felicities enjoyed by
the saints in the Eternal world, and that when God would undertake to
raise up men for the enjoyment of himself, he would teach them the
necessity of living by faith and the impossibility there was of their enjoying
the blessedness of eternity without it, seeing that all the blessings of
eternity are the effects of faith.

7. Therefore, it is said, and appropriately too, that without faith it is
impossible to please God. If it should be asked, Why is it impossible to

please God without faith? — the answer would be, Because without faith it is impossible for men to be saved. And as God desires the salvation of man, he must of course desire that they should have faith, and he could not be pleased unless they had, or else he could be pleased with their destruction.

8. From this we learn that the many exhortations, which have been given by inspired men to those who had received the word of the Lord to have faith in him, were not mere commonplace matters, but were for the best of all reasons, and that was because without it there was no salvation — neither in this world nor in that which is to come. When men begin to live by faith they begin to draw near to God. And when faith is perfected, they are like him; and because he is saved, they are saved also, for they will be in the same situation he is in because they have come to him; and when he appears, they shall be like him, for they will see him as he is.

9. As all the visible creation is an effect of faith, so is salvation also (we mean salvation in its most extensive latitude of interpretation, whether it is temporal or spiritual). In order to have this subject clearly set before the mind, let us ask: What situation must a person be in in order to be saved? Or what is the difference between a saved man and one who is not saved? We answer from what we have before seen of the Heavenly worlds: They must be persons who can work by faith and who are able, by faith, to be ministering spirits to them who shall be heirs o salvation. And they must have faith to enable them to act in the presence of the Lord, otherwise they cannot be saved. And what constitutes the real difference between a saved person and one not saved is the difference in the degree of their faith — one's faith has become perfect enough to lay hold upon eternal life and the other's has not. But to be a little more particular, let us ask: Where shall we find a prototype into whose likeness we may be assimilated, in order that we may be made partakers of life and salvation? Or in other words, where shall we find a saved being? For if we can find a saved being,

we may ascertain without much difficulty what all others must be in order to be saved — they must be like that individual or they cannot be saved. We think that it will not be a matter of dispute that two beings who are unlike each other cannot both be saved, for whatever constitutes the salvation of one will constitute the salvation of every creature which will be saved. And if we find one saved being in all existence, we may see what all others must be or else not be saved. We ask, then: Where is the prototype? Or where is the saved being? We conclude as to the answer of this question there will be no dispute among those who believe the Bible that it is Christ. All will agree in this, that he is the prototype or standard of salvation, or in other words, that he is a saved being. And if we should continue our interrogation, and ask how it is that he is saved, the answer would be, because he is a just and holy being. And if he were anything different from what he is he would not be saved, for his salvation depends on his being precisely what he is and nothing else. For if it were possible for him to change in the least degree, so sure he would fail of salvation and lose all his dominion, power, authority, and glory, which constitutes salvation. For salvation consists in the glory, authority, majesty, power, and dominion which Jehovah possesses, and in nothing else, and no being can possess it but himself or one like him. Thus says John in his first epistle, 3:2,3 [1 John 1:13]: "Behold, now we are the sons of God, and it doth not appear what we shall be; but we know that when he shall appear we shall be like him, for we shall see him as he is. And any man that has this hope in him purifies himself, even as he is pure. Why purify himself as he is pure? Because if they do not, they cannot be like him."

10. The Lord said unto Moses, Leviticus 19:2 [Lev. 9:1]: "Speak unto all the congregation of the children of Israel and say unto them, Ye shall be holy, for I the Lord your God am holy." And Peter says, first epistle, 1:15,16 [1 Pet. 1:3]: "But as he who has called you is holy, so be ye holy in all manner of conversation, because it is written: Be ye holy, for I am holy." And the Savior says, Matthew 5:48 [Matt. 3:26]: "Be ye perfect,

even as your Father who is in Heaven is perfect." If any should ask, Why all these sayings? — the answer is to be found from what is before quoted from John's epistle, that when he (the Lord) shall appear, the saints will be like him, and if they are not holy as he is holy, and perfect as he is perfect, they cannot be like him, for no being can enjoy his glory without possessing his perfections and holiness, no more than they could reign in his kingdom without his power.

11. This clearly sets forth the propriety of the Savior's saying, recorded in John's testimony, 14:12 [Jchn 9:7]: "Verily, verily I say unto you, he that believeth on me, the works that I do shall he do also, and greater works than these, because I go unto the Father." This, taken in connection with some of the sayings in the Savior's prayer, recorded in the 17th chapter, gives great clearness to his expressions. He says, in the 20–24 [John 9:21]: "Neither pray I for these alone, but for them also who shall believe on me through their words, that they all may be one as thou, Father, art in me and I in thee, that they also may be one in us, that the world may believe that thou hast sent me. And the glory which thou gavest me I have given them, that they may be one even as we are one — I in them and thou in me — that they may be made perfect in one, and that the world may know that thou hast sent me, and hast loved them as thou hast loved me. Father, I will that they also, whom thou hast given me, be with me where I am, that they may behold my glory which thou hast given me, for thou lovedst me before the foundation of the world."

12. All these sayings, put together, give as clear an account of the state of the glorified saints as language could give — the works that Jesus did they were to do, and greater works than those which he did among them should they do, and that because he went to the Father. He does not say that they should do these works in time, but they should do greater works because he went to the Father. He says, in the 24th verse [John 9:21]: "Father, I will that they also, whom thou hast given me, be with me where I am, that they may behold my glory." These sayings, taken in connection,

make it very plain that the greater works which those that believed on his name were to do were to be done in eternity where he is going and where they should behold his glory. He had said in another part of his prayer that he desired of his Father that those who believed on him should be one in him, as he and the Father were one in each other: "Neither pray I for these (the apostles) alone, but for them also who shall believe on me through their words, that they all may be one." That is, they who believe on him through the apostles' words, as well as the apostles themselves: that they all may be one, as thou, Father, art in me and I in thee, that they also may be one in us.

13. What language can be plainer than this? The Savior surely intended to be understood by his disciples, and he so spake that they might understand him. For he declares to his Father in language not to be easily mistaken that he wanted his disciples, even all of them, to be as himself and the Father: for as he and the Father were one, so they might be one with them. And what is said in the 22nd verse [John 9:20] is calculated to more firmly establish this belief, if it needs anything to establish it. He says, "And the glory which thou gavest me, I have given them, that they may be one even as we are one." As much as to say that unless they have the glory which the Father had given him, they could not be one with them, for he says he had given them the glory that the Father had given him, that they might be one, or in other words, to make them one.

14. This fills up the measure of information on this subject and shows most clearly that the Savior wished his disciples to understand that they were to be partakers with him in all things, not even his glory excepted.

15. It is scarcely necessary here to observe what we have previously noticed, that the glory which the Father and the Son have is because they are just and holy beings, and that if they were lacking in one attribute or perfection which they have, the glory which they have never could be enjoyed by them, for it requires them to be precisely what they are in order to enjoy it. And if the Savior gives this glory to any others, he must do it

in the very way set forth in his prayer to his Father: by making them one with him as he and the Father are one. In so doing he would give them the glory which the Father has given him; and when his disciples are made one with the Father and the Son, as the Father and the Son are one, who cannot see the propriety of the Savior's saying, The works which I do shall they do, and greater works than these shall they do, because I go to the Father?

16. These teachings of the Savior most clearly show unto us the nature of salvation, and what he proposed unto the human family when he proposed to save them: that he proposed to make them like unto himself, and he was like the Father, the great prototype of all saved beings. And for any portion of the human family to be assimilated into their likeness is to be saved, and to be unlike them is to be destroyed. And on this hinge turns the door of salvation.

17. Who cannot see, then, that salvation is the effect of faith? For as we have previously observed, all the Heavenly beings work by this principle, and it is because they are able so to do that they are saved, for nothing but this could save them. And this is the lesson which the God of Heaven, by the mouth of all his holy prophets, has been endeavoring to teach to the world. Hence we are told that without faith it is impossible to please God, and that the salvation is of faith, that it might be by grace, to the end the promise might be sure to all the seed (Romans 4:16) [Rom. 1:20] — "And that Israel, who followed after the law of righteousness, has not attained to the law of righteousness. Wherefore? Because they sought it not by faith, but as it were by the works of the law, for they stumbled at that stumbling stone" (Romans 9:32) [Rom. 1:45]. And Jesus said unto the man who brought his son to him to get the devil who tormented him cast out, "If thou canst believe, all things are possible to him that believeth" (Mark 9:23) [Mark 5:9]. These, with a multitude of other scriptures which might be quoted, plainly set forth the light in which the Savior, as well as the Former Day Saints, viewed the plan of salvation, that it was a system

of faith — it begins with faith and continues by faith. And every blessing which is obtained in relation to it is the effect of faith, whether it pertains to this life or that which is to come. To this all the revelations of God bear witness. If there were children of promise, they were the effects of faith, not even the Savior of the world excepted: Blessed is she that believed, said Elizabeth to Mary when she went to visit her, for there shall be a performance of the things which were told her of the Lord (Luke 1:45) [Luke 1:7]. Nor was the birth of John the Baptist the less a matter of faith, for in order that his father Zacharias might believe he was struck dumb. And through the whole history of the scheme of life and salvation, it is a matter of faith: every man received according to his faith — according as his faith was, so were his blessings and privileges, and nothing was withheld from him when his faith was sufficient to receive it. He could stop the mouths of lions, quench the violence of fire, escape the edge of the sword, wax valiant in fight, and put to flight the armies of the aliens; women could, by their faith, receive the dead children to life again — in a word, there was nothing impossible with them who had faith. All things were in subjection to the Former Day Saints according as their faith was — by their faith they could obtain Heavenly visions, the ministering of angels, have knowledge of the spirits of just men made perfect, of the general assembly and church of the Firstborn (whose names are written in Heaven), of God, the judge of all, of Jesus, the Mediator of the new covenant, and become familiar with the third Heavens, see and hear things which were not only unutterable, but were unlawful to utter. Peter, in view of the power of faith, 2nd epistle, 1:2–3 [2 Pet. 1:1] says to the Former Day Saints, "Grace and peace be multiplied unto you through the knowledge of God and of Jesus our Lord, according as his divine power hath given unto us all things that pertain unto life and godliness, through the knowledge of him that has called us unto glory and virtue." In the first epistle, 1:3–5 [1 Pet. 1:2] he says, "Blessed be the God and Father of our Lord Jesus Christ, who according to his abundant mercy has begotten us again unto a lively hope by the resurrection of Jesus Christ from the dead to an inheritance incorruptible, and undefiled, and that fadeth not away, reserved in Heaven for you who are kept by the power of God through faith unto salvation, ready to be revealed in the last time."

18. These sayings, put together, show the Apostle's views most clearly, so as to admit of no mistake on the mind of any individual. He says that all things that pertain to life and godliness were given unto them through the knowledge of God and our Savior Jesus Christ. And if the question is asked: How were they to obtain the knowledge of God? (for there is a great difference between believing in God and knowing him — knowledge implies more than faith; and notice that all things that pertain to life and godliness were given through knowledge of God) — the answer is given: Through faith they were to obtain this knowledge; and having power by faith to obtain the knowledge of God, they could with it obtain all other things which pertain to life and godliness.

19. By these sayings of the Apostle we learn that it was by obtaining a knowledge of God that men got all things which pertain to life and godliness, and this knowledge was the effect of faith. So that all things which pertain to life and godliness are the effects of faith.

20. From this we may extend as far as any circumstances may require, whether on earth or in Heaven, and we will find it the testimony of all inspired men or Heavenly messengers that all things that pertain to life and godliness are the effects of faith and nothing else: all learning, wisdom, and prudence fail, and everything else as a means of salvation but faith. This is the reason that the fishermen of Galilee could teach the world — because they sought by faith and by faith obtained. And this is the reason that Paul counted all things but filth and dross — what he formerly called his gain he called his loss; yea, and he counted all things but loss for the excellency of the knowledge of Christ Jesus the Lord (Philippians 3:7–10) [Phil. 1:12]. Because, to obtain the faith by which he could enjoy the knowledge of Christ Jesus the Lord, he had to suffer the

loss of all things. This is the reason that the Former Day Saints knew more and understood more of Heaven and of Heavenly things than all others beside, because this information is the effect of faith — to be obtained by no other means. And this is the reason that men, as soon as they lose their faith, run into strifes, contentions, darkness, and difficulties. For the knowledge which tends to life disappears with faith, but returns when faith returns, for when faith comes, it brings its train of attendants with it — apostles, prophets, evangelists, pastors, teachers, gifts, wisdom, knowledge, miracles, healings, tongues, interpretation of tongues, etc. All these appear when faith appears on the earth and disappear when it disappears from the earth. For these are the effects of faith, and always have and always will attend it. For where faith is, there will the knowledge of God be also, with all things which pertain thereto — revelations, visions, and dreams, as well as every other necessary thing, in order that the possessors of faith may be perfected and obtain salvation. For God must change, otherwise faith will prevail with him. And he who possesses it will, through it, obtain all necessary knowledge and wisdom until he shall know God and the Lord Jesus Christ whom he has sent, whom to know is eternal life. Amen.

APPENDIX: CHRONOLOGY OF THE FATHERS

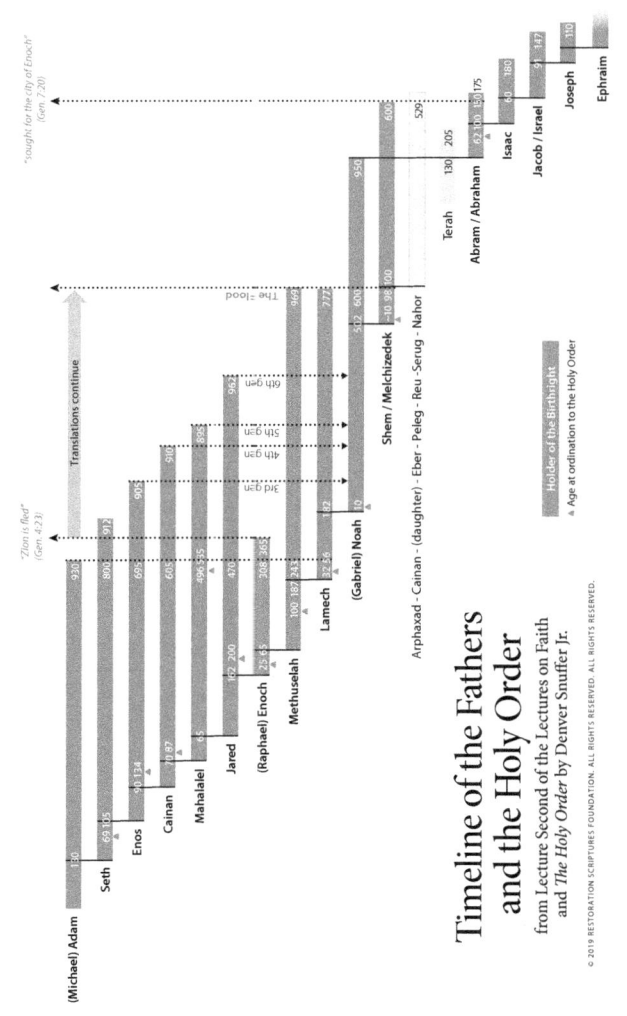

Timeline of the Fathers and the Holy Order

from Lecture Second of the Lectures on Faith and *The Holy Order* by Denver Snuffer Jr.

www.ingramcontent.com/pod-product-compliance
Lightning Source LLC
Chambersburg PA
CBHW061157120626
46546CB00005B/2102